CONSTELAÇÃO
FAMILIAR

Um novo olhar perante a terapia do amor inconsciente

Mauro Bueno

CONSTELAÇÃO
FAMILIAR

Um novo olhar perante a terapia do amor inconsciente

Publicado em 2021 pela Editora Alfabeto

Supervisão geral: Edmilson Duran
Revisão: Luciana Papale
Diagramação e capa: Décio Lopes

DADOS INTERNACIONAIS DE CATALOGAÇÃO NA PUBLICAÇÃO (CIP)
Angélica Ilacqua CRB-8/7057

Bueno, Mauro

Constelação Familiar: um novo olhar perante a terapia do amor inconsciente / Mauro Bueno. 1ª edição. São Paulo: Editora Alfabeto, 2021.

ISBN: 978-65-87905-05-1

1. Psicoterapia familiar 2. Terapia sistêmica (Terapia familiar) I. Título

21-1087   CDD 616.89156

Índices para catálogo sistemático:
1. Terapia sistêmica (Terapia familiar)

Todos os direitos sobre esta obra estão reservados a Autora, sendo proibida sua reprodução total ou parcial ou veiculação por qualquer meio, inclusive internet, sem autorização expressa por escrito.

EDITORA ALFABETO
Rua Protocolo, 394 | CEP: 04254-030 | São Paulo/SP
Tel: (11) 2351-4168 | editorial@editoraalfabeto.com.br
Loja Virtual: www.editoraalfabeto.com.br

Agradecimento

Escrever este livro foi a realização de um sonho, e isso só foi possível graças à ajuda e a participação de algumas pessoas em especial. Por isso, quero deixar registrado meu agradecimento à Celia Mariah, minha esposa, que me honra com o prefácio desta obra e que foi a maior incentivadora que tive; e à Bárbara Moraes, pela inestimável colaboração e paciência comigo.

Quero também dedicar esta publicação à memória de meu pai e de minha mãe, Antônio Bueno da Silva e Silvia Lamano Bueno da Silva, que me deram muito mais do que a vida. Sempre me considerei um homem de sorte, tinha uma frase que eu sempre repetia para explicar isso: "tem alguém lá em cima que gosta de mim". Hoje, compreendo que não estava lá em cima, mas ao meu lado, o tempo todo. Nunca foi sorte, agora sei que foi amor e acolhimento. Gratidão eterna a você, pai, e a você, mãe.

Mauro Bueno

Prefácio

Celia Mariah

Com um olhar único, meigo, emocionado e cheio de acolhimento, que somente grandes mestres têm, Mauro nos conduz com esta obra, de maneira simples e amorosa, ao universo das constelações familiares.

Prepare-se para a sua maior transformação pessoal, ops... prepare-se para a maior transformação pessoal e sistêmica no entendimento desta obra. Com a compreensão do conteúdo deste livro, a transformação será não apenas sua, como indivíduo, mas, sim, de todo o seu sistema familiar.

Este processo se dará no entendimento dos sistemas aos quais fazemos parte ao longo da nossa jornada, visto que a harmonia de um sistema organizado está justamente no pertencer, na precedência de quem chegou primeiro e no equilíbrio entre dar e receber.

Espero que você consiga realmente internalizar o quanto o julgamento nos castra; e não me refiro ao julgamento que as pessoas têm sobre nós e nossas atitudes, mas, sim, do julgamento que temos em nossos corações em relação aos outros, em como este vício – sim, considero que ficamos viciados em julgar as atitudes e sentimentos alheios – nos impede de ver as coisas simplesmente como elas são. Em outras palavras, o quanto o ato de julgar nos deixa cegos para a verdadeira harmonia e paz no coração.

Certamente você se identificará com muitas histórias aqui narradas. A da criança marrenta que não teve o olhar paterno e que, por isso, joga no imenso vazio de seu coração todas as conquistas e vitórias, sentindo-se insatisfeita com tudo que a vida lhe favorece. A da mulher amarga que não recebeu nada de sua mãe e não tem nada a entregar às suas filhas, criando um imenso contexto de cobranças e julgamentos; mas como dar o que não se tem e nunca recebeu, não é mesmo? Ou a história do homem forte, poderoso, mas com o coração cheio de raiva e agressividade, que, na verdade, esconde um menininho assustado que foi violentamente agredido em sua primeira infância. E como julgar um garoto que tenta se defender da dor e do sentimento de fraqueza? Ou ainda a jovem bonita, inteligente, meiga, profissionalmente reconhecida, cujo vazio no peito a faz pensar em tirar a própria vida, ou o pai de família que se sente impotente diante da doença degenerativa de sua esposa e responsável emocionalmente pelos filhos adolescentes, carentes e revoltados em vê-la indo um pouco a cada dia. E o que dizer da mãe, dedicada e amorosa, que vê seu filho entregue às drogas, impotente diante do vício? Ou do jovem cheio de vida, dedicado e muito bem graduado, que não consegue ascensão profissional? São tantas as histórias cotidianas...

Assim que conheci a constelação familiar, em 2015, fiz minha lista das dificuldades que me impediam de ser plena e feliz. Após seis constelações em quatro anos, são indescritíveis as mudanças ocorridas em minha vida, seja no relacionamento com minhas filhas, na carreira e, ainda, em meu sistema de origem; sim, no relacionamento afetivo me harmonizei com meu passado, sem culpas, sem mágoas, e me casei com o mestre. ;)

Para finalizar, quero aproveitar a oportunidade para compartilhar mensagens de pessoas que, assim como eu, já foram beneficiadas pelo trabalho do Mauro:

"Quero deixar registrada toda a minha gratidão por ter participado da turma nº 11 do Curso de Constelação Familiar no Instituto Mauro Bueno. Todas as notáveis mudanças que houve em minha vida foram, em grande parte, devidas ao curso e a participação em constelações, além de já ter sido constelada por ele. Um grande mestre, com toda sua paciência, dedicação e amor, que nos foi entregue para que saibamos colocar em nossos corações, em nossas vidas."

Rosangela Caplan

"Eu já fui uma pessoa muito descrente da constelação. Minha amiga, a Rose, sempre insistia comigo para conhecer essa terapia, porém, sempre fui muito arredio, até que um dia, estava eu no fundo do poço, portanto, poderia ir a qualquer lugar! Eu não acreditava na técnica, muito menos em campo mórfico, entretanto, na primeira vez que fui assistir uma constelação, o Mauro me escolheu como representante e senti algo único. Dali em diante, fui a todas as constelações que pude e segui o Mauro por anos. A cada dia, uma história nova, mais e mais pessoas ficando bem e, então, comecei a ser constelado.

Hoje posso dizer que existe o Walney a.c. e d.c., antes e depois da constelação!!! Minha vida se transformou, começou a ter um sentido que nunca teve e, além disso, comecei a enxergar coisas que antes não via, mas que estavam bem na minha frente!!! Não sei o que seria de mim sem o Mauro e a constelação! Cada constelação, uma mudança. Comecei a ver a vida com outro olhar!!! Tudo se transformou!!!

O tempo passou e acabei sendo aluno do Mauro, fazendo o curso de constelação. Aprofundei-me mais e mais, o que me abriu para algo único, que só quem passa pelo treinamento sabe do que eu estou falando! Uma transformação de corpo e alma!!! Minha vida ganhou outro sentido: ajudar as pessoas, fazer o que foi feito por mim e dar continuidade a esta técnica tão poderosa deixada pelo Bert Hellinger, que é tão bem ensinada e conduzida pelo mestre Mauro!

Só tenho a agradecer as transformações da minha vida, da minha família, dos meus antepassados!!!

Hoje, o Mauro é um grande amigo que nos ensina todos os dias e a todo instante, em cada doação feita nas constelações! Muito obrigado, meu mestre, meu amigo!"

Walney Xavier

"A constelação me ensinou a observar os padrões nos quais eu estava presa por razões que eu desconhecia. Foi uma ferramenta que me ajudou a trabalhar conteúdos em terapia e a importância da família. O conceito de 'só damos aquilo que temos' mudou a forma com que vejo o mundo, formando-me uma pessoa mais acessível e menos julgadora. Sem dúvida, a constelação salvou a minha família e hoje consigo olhar para trás e reverenciar a minha história com amor e orgulho."

Caroline Sposito

"Conhecer a constelação e o Mauro Bueno foi uma grande transformação na minha vida. Essa técnica terapêutica é espetacular. Muito dinâmica e orientada a soluções. A técnica resolve de forma rápida as conexões em crenças e padrões familiares que limitam nosso desenvolvimento, libertando-nos para a felicidade e o crescimento. Técnica importante também para as organizações, que apoia líderes na tomada de decisão para melhores resultados na performance empresarial. Sou apaixonada por essa ferramenta incrível, que modifica a vida com um olhar sistêmico e efetivo."

Sheila Gonçalves

"O universo conspira! Eu já havia ouvido a respeito de constelação familiar, através de uma tia, ouvinte do Mauro Bueno, em um programa na Rádio Mundial. No entanto, o assunto apenas me causou curiosidade, sem aprofundamento. Passados poucos anos, uma amiga me reencontrou em uma rede social e contou-me, entusiasmada, uma novidade: ela iria constelar num domingo, próximo a Jundiaí, e me convidou a participar do evento.

Em um sábado chuvoso, estando em Cotia, pedi ao meu amigo, Walney, que me deixasse em um local para que eu pegasse um ônibus para São Paulo; de lá, parti no último fretado, rumo àquela que seria a primeira de muitas experiências que mudariam a minha vida, para sempre!

E, para a minha surpresa, aquele homem simpático que me recebeu com um sorriso amigo e uma técnica surpreendente de amor e muita lucidez, era ele: Mauro Bueno, o constelador que a minha tia havia me indicado, anos atrás. Desde então, ele tem sido um dos meus mestres."

Rose Guersoni

"O que foi o curso de constelação familiar para mim? Uma realização pessoal e profissional.

Um grupo gostoso. Muitas trocas. Crescimento. Evolução. Amei! Recomendo até para pessoas que não vão trabalhar na área, porque é sempre um grande aprendizado para a vida. Mauro Bueno é sensível, compreensivo, didático e muito ético. Tem um lugar especial no meu coração."

Heloisa Hahan

"Ter participado do Curso de Constelação Familiar Sistêmica com Mauro Bueno foi uma grande honra, trouxe-me um olhar mais fraterno pela vida. Mauro desenvolve uma dinâmica ímpar e acolhedora, que me envolveu e me fez amar essa linda técnica.

Um dos ensinamentos que ele trouxe e me marcou, entre tantos, foi que toda vez que entrarmos no campo mórfico das constelações temos que lembrar e reverenciar Bert Hellinger, fundador dessa maravilhosa técnica. Gratidão, mestre Mauro Bueno."

Carlos Alberto Calazans Bio

"Quando conheci a constelação familiar, não podia imaginar como essa técnica mudaria o olhar que, até então, eu tinha sobre a minha própria vida. Foram aos sábados e domingos com o Prof. Mauro Bueno e sua equipe que aprendi que todos temos cicatrizes e que a ninguém cabe julgamentos. Certamente, esse foi o meu melhor aprendizado de 2018.

A seriedade e o empenho do Mauro em conduzir o curso me fez acreditar que estava no lugar certo. A delicadeza e o respeito pela dor do outro, sempre tão lembradas durante as aulas, eu trago em todos os meus tratamentos como terapeuta.

Trazer consigo a dor de um antepassado pode não ser opção, mas reconhecer essa dor e se libertar dela, isso é a possibilidade que a constelação familiar permite.

Obrigada, Mauro, por fazer parte da minha história."

Cristina Queiroz

"Conheci o Mauro há mais ou menos 15 anos. Era uma realidade muito diferente da minha. Na casa dele, vi coisas que eu não cresci tendo. Fui recebido com tanto carinho, com tanta leveza, que me senti bem, me senti em casa. Voltei muitas outras vezes, por amigos em comum. E assim fui crescendo.

Tive muitas oportunidades bacanas de participar de eventos juntos e não tardou para eu começar a dizer às pessoas o que sempre falei sobre o Mauro: ele é o pai que eu gostaria de ter. Se eu fosse desenhar um pai perfeito, seria o Mauro, pela sua doçura, pela forma como trata as coisas.

Quando a gente começou a falar sobre ele gravar um curso para o Astrocentro referente à constelação familiar, eu até me espantei com tantas ideias que ele tinha, com tanto conteúdo que ele fala com carinho, tesão. É fácil de entender, interessante, um assunto que te prende.

Logo surgiu o convite para eu conhecer o sistema e resolvi constelar um problema de relacionamento. Até então, todos terminavam da mesma forma: eu sempre era traído. Comecei a perceber que, talvez, eu me colocasse em situações para que isso acontecesse, seja procurando as pessoas erradas, seja não terminando uma relação quando ela já acabou.

Enfim, eu fui para à constelação sem preconceito, mas não achei que seria tão tocado em uma única sessão. Acontece que o Mauro, com seu jeito tranquilo e doce de ser, conseguiu encontrar e tratar um problema de relação com o meu pai.

Aí fui entender que, por uma questão de lealdade infantil, eu não queria ser feliz nas relações, assim como meu pai vibrou isso e chegou a dizer que, por ser homossexual, eu não seria feliz em nenhum relacionamento. Parte de mim queria ser leal a ele e, por esse motivo, eu me colocava nessas situações para acabar quebrando a cara.

O mais legal é que, depois da constelação, engatei num relacionamento mega saudável e sou muito feliz. Mais do que isso, a minha relação com meu pai também se estreitou muito. Pela primeira vez eu tenho alguém na minha vida que ele chama pelo nome, por apelidos carinhosos e chegou ao ponto de vir de Minas Gerais a São Paulo para fazer tratamentos de saúde com o genro dele, por uma questão de proximidade e confiança."

Raul Costa

"Participei de várias constelações com o Mauro antes de fazer o curso. Seu profissionalismo e sua ética no comando da constelação me encantaram. Sempre fiel aos ensinamentos de Bert durante o curso, ele me chamava a atenção pela sua grande sensibilidade e percepção de campo, transmitindo seus conhecimentos através de exemplos e resultados. No decorrer do curso, fui várias vezes constelada, inclusive na UTI de um hospital, já sem esperanças para a equipe médica. Hoje, estou escrevendo esse depoimento com muita saúde e agradecida ao Universo por ter conhecido o Mauro Bueno."

Tereza Paton

"A constelação familiar sistêmica mudou drasticamente minha forma de enxergar a vida, as pessoas e as situações. Quando passei pela formação com o mestre Mauro Bueno, tive a honra de ter o melhor dos professores. Algo que ficou marcado em mim, ao longo do tempo que passei observando o trabalho dele, é que há muito respeito pela técnica, mantendo sempre a estrutura original criada por Bert Hellinger. Porém, tem um toque a mais nas constelações que ele conduz, que é o fator 'respeito pela dor do outro'. As palavras ditas por ele são como bálsamo, acalmando e aclarando as emoções, deixando tudo mais leve. Sou grata por tê-lo em minha vida, Mauro. Você é meu mestre, meu amigo e tem um lugar aqui no meu coração."

Nathalya Rocha

Apresentação

Começo meu primeiro livro reverenciando o psicoterapeuta alemão Bert Hellinger, uma alma iluminada e generosa, que há cerca de 40 anos desenvolveu a teoria da constelação familiar e doou esse presente para o mundo, contribuindo assim para melhorar a vida de milhões de pessoas. Humildemente, compartilho também minha visão "abrasileirada" dessa técnica que apliquei de forma acolhedora nas mais de três mil constelações que realizei.

Com a premissa de que a herança familiar influencia nossa vida, direta ou indiretamente, sem que tenhamos consciência disso, trata-se de um método de atendimento terapêutico diferente dos convencionais, com embasamento técnico-científico próprio, que traz autoconhecimento, conforto e alegria à medida que trabalhamos os traumas e as dificuldades emocionais que não foram resolvidos pelos familiares no passado e que podem, de alguma maneira, interferir em nosso dia a dia na atualidade.

Isso acontece porque somos herdeiros dos nossos antepassados, tanto em termos genéticos, quanto emocionais. Com base nos estudos da Física Quântica e da Epigenética, trazemos dentro de nós uma herança que engloba os sentimentos, as frustrações e, também, os talentos desses mesmos antepassados. E essa ligação histórica com os membros da família é indestrutível e independe da convivência, do contato presencial, de conhecer um ao outro, do tempo e do espaço. Trata-se de uma conexão que supera quaisquer limitações, portanto, sem medo de errar, eu posso afirmar com tranquilidade que o vínculo mais forte que alguém pode ter é o familiar. Logo, é crucial aceitar a nossa história, sem julgamento.

Felizmente, o Brasil tem sido um dos expoentes na prática dessa terapia do amor inconsciente. É tão flagrante esse desenvolvimento no país que, além da interface com o campo da Psicologia, hoje somos pioneiros na utilização da constelação por parte de órgãos públicos oficiais, como um instrumento conciliatório pelo Poder Judiciário. Afinal, antes de sentenciar um processo – dando razão a uma das partes – há a possibilidade de buscar a harmonização por meio desse método terapêutico inovador, que tem apresentado êxito em cerca de 70% dos casos, interrompendo, assim, os referidos processos.

Na área de família, podemos constelar em inúmeras situações, mas quero chamar a atenção para outro aspecto, que é o efeito na recuperação de detentos na área criminal. Embora não se justifiquem as transgressões aos olhos da lei, se trazemos à luz uma identificação com o passado, podemos, sim, evitar a recorrência do crime ao romper e retirar o peso de uma herança negativa.

Em suma, quando ampliamos o foco individual para o contexto sistêmico, é possível enxergar muito além da dificuldade pontual, pois podemos perceber a origem emocional daquela situação e se está relacionada à reprodução de um padrão existente em sua história ancestral. Buscamos a fonte do trauma e, a partir daí, trabalhamos para ajudar a resolver o problema, harmonizando novamente o sistema, o que, por si só, propicia uma sensação de liberdade, para que o paciente possa encontrar seu próprio caminho e, enfim, ser plenamente feliz.

Sumário

Agradecimento 5

Prefácio 7

Apresentação. 17

1. O que é a constelação familiar? 25

   O sistema familiar 26

   O vínculo familiar 29

   A lealdade infantil 31

   Um novo sistema familiar. 33

   Os emaranhados. 34

   O julgamento 35

   A harmonização. 37

2. Os pilares que sustentam a constelação familiar 39

   Pertencimento: todos têm o direito de fazer parte . . . 40

   Hierarquia familiar: a precedência de quem
   chegou primeiro. 42

   Compensação: o equilíbrio entre dar e receber 45

22 | Constelação Familiar

3. Por que a constelação familiar funciona? 51
Como atua a constelação familiar? 54
A constelação na prática 55

4. Principais tipos de constelação. 57
Constelação de origem 57
Constelação de aspecto 61
Relação entre pais e filhos 65
A bola dourada 71
Inversão de papéis 72
Relacionamento afetivo 73
Maldição 74
Relacionamento de casais 75
Relacionamentos homoafetivos 77
Relacionamentos antigos e a
importância de dar lugar ao novo 78
Alienação parental 80
Realização profissional 81
Relação com o dinheiro. 83
Obesidade 84
Adoção. 87
Abuso sexual infantil 90
Exclusão. 91
Aborto 92
Assassinato 94
Suicídio 94

5. Constelando os problemas que nos afligem 97
Constelação sobre agressividade 97
Constelação sobre insatisfação. 103
Constelação sobre merecimento 105

Constelação sobre origem japonesa. 107

Constelação sobre prosperidade 111

Constelação sobre realização profissional. 116

Constelação sobre relação entre pais e filhos 118

Constelação sobre relacionamento afetivo 124

Constelação sobre o relacionamento com a mãe. . . . 127

6. Como a constelação familiar mudou a minha
maneira de enxergar a vida? 131

Apêndice: Cursos para facilitadores em
constelação familiar 135

Constelação empresarial 135

Psicanálise 136

Regressão de memória. 136

Capítulo 1

O que é a constelação familiar?

Basicamente, a constelação familiar é uma técnica terapêutica que trata dos problemas inconscientes do indivíduo sob um olhar sistêmico, buscando os caminhos pelos quais uma certa dificuldade chega a você e, com isso, propiciando inúmeras respostas que surgem a partir desse processo de autoconhecimento.

Partindo do princípio que a nossa história começa muito antes do nascimento, é fato que, ao nascermos, estamos sendo inseridos em uma narrativa em curso, como um novo capítulo em uma história que vem sendo escrita há tempos. Passamos a integrar um sistema que já existe e tem seu próprio legado.

O sistema familiar

Na teoria da constelação, considera-se a família como uma espécie de engrenagem: um sistema e sua organização, com cada personagem ocupando seu lugar e desempenhando sua respectiva função. Quando essa ordenação funciona bem, as pessoas encontram tranquilidade e sucesso; entretanto, quando alguém se exclui ou é excluído por qualquer motivo, de maneira voluntária ou compulsória, o sistema não funciona direito, o que gera dificuldades para os demais conectados neste campo emocional.

Durante a vida toda nos relacionamos por intermédio de sistemas: a família em que nascemos é o sistema de origem, com o qual estamos vinculados eternamente, enquanto os sistemas eventuais são aqueles em que podemos ingressar ou sair quando quisermos ou pudermos. A escola, a universidade, a empresa e o condomínio são exemplos dos que faço parte esporadicamente, quando eu me sujeito às regras daquele grupo que tem uma identificação coletiva de personagens com o mesmo propósito.

Se, por um lado, eu posso escolher continuar ou não nos grupos que eu integro eventualmente, por outro, em se tratando do sistema familiar, estamos vinculados à nossa origem independentemente da nossa vontade, de forma permanente e eterna. Mesmo que a pessoa não goste, rejeite e até mesmo se desligue fisicamente da família, mudando-se para longe e cortando os canais de contato, ela ainda leva na bagagem a história familiar, seja para onde for. O pai dela continua sendo pai, a mãe continua sendo mãe.

Nos sistemas eventuais, eu agrego conhecimento e informação, há uma troca. De alguma maneira eu transmito e/ou recebo. Se for em uma escola, ao mesmo tempo em que aprendo, igualmente gero a possibilidade de emprego para um professor. Em uma empresa, recebo um salário como contrapartida do meu trabalho. Já o sistema familiar não depende dessa troca, pois ele existe – e persiste – ainda que não haja reciprocidade entre seus membros.

Convido o leitor a parar por um instante e pensar na sua própria família: feche os olhos e imagine todos os seus familiares. Você vai perceber que, com certa facilidade, pode rememorar até seus avós; já para os bisavós, pode haver um filtro grande de informação e sentimento e, em relação aos tataravós, eu arriscaria dizer que muitos sequer sabem o nome deles. Ainda assim, não se pode negar o vínculo que existe entre aqueles personagens com a sua existência, mesmo que nunca os tenha visto ou saiba seus nomes.

Trazemos conosco uma herança genética e emocional, inclusive desses tataravós. Somos o resultado das relações deles, logo, esse elo com o passado não se parte jamais. Goste ou não da sua família, você estará vinculado a ela eternamente. Nunca vai deixar de ser o filho dos seus pais ou o neto dos seus avós, em nenhuma hipótese, e, portanto, é primordial aceitar a história, reconhecer o que cada um representa no seu sistema familiar, o lugar preciso que ocupam dentro da organização, respectivamente.

Quando consigo olhar para trás e enxergar cada personagem em seu devido lugar, a despeito de julgar o comportamento tenho, seguramente, uma vida mais leve, tranquila e promissora. O grande segredo é aceitar a família como ela é, sem julgar. Aliás, cabe ressaltar, que isso não significa concordar com atitudes, mas, sim, aceitar a origem.

A aceitação não se refere ao indivíduo, mas ao lugar que ele ocupa no seu sistema, na sua história. Porque quando a gente consegue reconhecer a posição de cada um, conseguimos entender com isenção que a nossa família representa um sistema e que nós também somos parte disso. Logo, negar a sua origem, negar o seu sistema, significa correr o risco de perder a própria identidade.

Quem não aceita a família, tem muita dificuldade de encontrar o lugar que é seu no sistema. Afinal, aquele que não sabe quem é, raramente consegue saber para onde vai. Quando me refiro a "não saber quem somos", o termo está relacionado ao posicionamento, à história, à gênese. A família é chamada de sistema de origem, porque é dessa árvore que eu sou um fruto. E, se eu, inconscientemente, não reconheço o valor da árvore da qual sou fruto, também não posso ser um bom fruto.

O vínculo familiar

As ligações entre membros da família é a materialização do vínculo familiar, tendo como núcleo a relação entre pais e filhos. Aqui faço um parêntese para esclarecer que a constelação não mistifica ou endeusa a figura do pai e da mãe, visto que a proposta é não julgar e ter a clareza de que a coisa mais importante, para qualquer indivíduo, é a vida que recebemos dos nossos pais biológicos.

Mesmo uma criança, que não tem informação ou conhecimento suficiente para fazer uma avaliação ou um julgamento sobre sua família, tem uma forma própria de aceitar ou rejeitar seus familiares. Aqueles que crescem cercados de amor, carinho e proteção, sentem-se inseridos no sistema, tendo a sensação de *pertencer* e, no futuro, serão adultos seguros e estáveis emocionalmente.

Ademais, é na adolescência que as questões relacionadas aos vínculos familiares são mais delicadas, à medida que se percebe a família em um contexto global, sistêmico. É nesse momento que se percebe que a relação familiar não é só "receber", pois existe o componente do "dar".

A famosa crise de identidade que "explode" na adolescência é uma consequência dessa dificuldade de identificação com a origem dos emaranhados existentes no sistema familiar desde a infância. Com isso, um adolescente cobra atenção dos seus pais para demonstrar essa falta que já sentia lá atrás, deixando, assim, de cumprir o seu papel e de retribuir o que recebe do pai e da mãe, para compensar o quanto ele se sente credor deles na infância.

Sob o ponto de vista do olhar sistêmico, há ainda a possibilidade da identificação com uma situação ocorrida com um antepassado. Enquanto uma criança tem pouca possibilidade de externar essa assimilação, pela limitação de liberdade e de comportamento inerentes à fase, o adolescente rompe essa barreira, expande os horizontes e, nesse momento, pode dar vazão à identificação inconsciente que tem com o vínculo familiar do passado, o que pode trazer consequências positivas ou negativas.

Se esse jovem estiver vinculado aos talentos e méritos de um ancestral, nessa idade, normalmente vai revelar essa capacidade, seja para a música, para arte, oratória, estudo, esporte, etc. Entretanto, nessa etapa, pode-se perceber também os dramas e os bloqueios. Por exemplo: se ele estiver identificado com alguém que foi discriminado pela família, vai se sentir excluído por solidariedade – ainda que de maneira inconsciente – a esse antepassado.

Estando vinculado a alguém que de alguma forma foi excluído, o adolescente vai se sentir "não fazendo parte", independentemente da realidade dele, porque esse sentimento emerge do elo familiar que existe dentro do sistema, o que acontece involuntariamente.

No caso de um adolescente identificado com um avô que se suicidou, ele vai buscar meios de se isolar, de se excluir do sistema familiar, porque esse é o aspecto emocional que ele está reproduzindo, não a materialidade do ato em si, mas o que significa o suicídio. Ele pode se entregar ao uso de drogas, isolar-se, achar que não tem um lugar na família, sentir-se um "estranho no ninho", sofrer depressão profunda, enfim, por estar vinculado a comportamentos de exclusão sistêmica, ele foge da convivência.

A lealdade infantil

A "lealdade infantil" é nomeada dessa forma para definir o caráter dessa expressão, porém, é uma característica que nos acompanha mesmo na velhice. É um termo relacionado ao vínculo dos filhos com os pais, que por sinal, é um elo de doação inconsciente. É importante não confundir com relacionamento afetivo, presença, etc., pois nesse ponto estamos falando de origem. Na primeira infância, a criança é absolutamente dependente dos pais. A existência foi gerada por ambos e, da mesma maneira, a sobrevivência está atrelada a eles.

Isso gera uma identificação extraordinária. Além do vínculo de amor entre filhos e pais, existe implicitamente o reconhecimento de que a criança não sobreviveria sem os genitores, o que enseja em uma lealdade que vai muito além da compreensão e da lógica e, mesmo quando cresce, ela carrega dentro de si tal associação, para sempre.

Costumamos dizer que o caminho mais curto para o fim de um casamento é o fato de um dos cônjuges não aceitar a família do outro. Isso não quer dizer que a união termine de forma material, que haja um divórcio, muitos casamentos já terminaram mesmo durante a convivência, de modo que não são felizes nem realizados, porque, no fundo, o vínculo com a família de origem, com os pais, é o vínculo da vida.

Quando uma criança age por impulso, por instinto, por amor, com lealdade aos seus pais – uma dedicação sem limites – ela igualmente está agindo com lealdade a ela própria. Ao reverenciar os pais, reverenciamos a nossa própria vida. Agindo de forma leal com os pais, estamos sendo leais conosco.

Não se trata de uma atitude pensada e/ou refletida. É o sentimento inconsciente de identificação da origem da vida. Ninguém raciocina algo parecido, isso acontece no campo do subconsciente. A lealdade infantil não está conectada ao sentimento de amor e de carinho, porque há pais que abandonam a família ou aqueles que dão suas crianças em adoção. Isso pode gerar mágoa, ressentimento, até desprezo. Contudo, a lealdade infantil é inerente ao sistema familiar, à sua história. Então, se eu negar meus pais, renego todo o legado. E assim não consigo achar o meu lugar na vida, porque não sei quem eu sou, já que desprezei a minha herança.

Bons ou maus, presentes ou ausentes, ruins ou bondosos, ainda são pais e mães. Claro que eu posso não concordar com nada do que fazem, mas eu preciso me voltar para eles com o olhar sistêmico e reconhecer o papel que ocupam dentro do meu sistema, para minha própria felicidade.

Um novo sistema familiar

Quando um casal não tem filhos, a princípio, trata-se de um sistema eventual, sendo que cada um tem seu próprio sistema de origem enquanto caminham juntos para formar um novo sistema, que, por sua vez, concretiza-se quando eles geram a vida.

À medida que o casal tem filhos, o sistema em si continuará existindo. Mesmo que a mãe ou o pai eventualmente morram, devido à origem gerada por ambos, o sistema continua. Aliás, na teoria da constelação, a única forma de alguém retribuir a vida que recebeu é gerando outra vida. Por isso, nunca conseguimos retribuir aos pais o presente mais valioso que recebemos, mas podemos compensar, dando, em igual valor, a vida para um filho.

Como regra básica, considera-se que os pais dão e os filhos recebem. Agora, em um novo sistema, quem antes era filho, passa a ser cônjuge, além de pai ou mãe. Portanto, cada um deve compreender a nova posição e ocupar seu lugar atual, acumulando os papéis que costumavam representar nos respectivos sistemas de origem.

Os cônjuges não mais podem continuar no conforto, na comodidade do "receber", como quando eram só filhos, pois devem assumir o papel de companheiro

– ou companheira – nessa nova organização, pois eles, igualmente, têm a obrigação de "dar" – e não apenas de "receber". Contudo, se o novo papel não for encarado de forma definitiva, o relacionamento desse casal corre sério risco. Lembrem-se: é muito importante olhar para o passado com amor e respeito, porém, é preciso que cada um deles ocupe sua nova posição no sistema que criaram ao gerar a vida.

Os emaranhados

Quando há desordem no sistema, o que chamamos de anomalias, isso pode nos atingir direta ou indiretamente à medida que se formam os emaranhados. Devido ao vínculo entre os membros da família, posso me identificar, herdar problemas dos antepassados e repetir o padrão de comportamento, até que se rompa essa transferência negativa, que é justamente a emoção que gera uma dificuldade.

O vínculo familiar se estabelece como se fosse um fio invisível, conectando uns aos outros. Em outras palavras, são múltiplas conexões, sendo que aquilo que acontece com um, repercute nos demais.

Normalmente, na teoria da constelação, nossos traumas têm origem no sistema familiar. É natural e pode ocorrer de alguém desenvolver um trauma por si só, de ele mesmo ser o gerador dessa dificuldade, porém, nossa tendência é reproduzir sentimentos e emoções, por herança familiar.

Ademais, cabe ressaltar que toda influência – negativa ou positiva – exercida sobre o indivíduo, sempre tem como veículo o pai ou a mãe. Mesmo que a referida influência venha dos tios, avós, bisavós, em maior ou menor grau, sempre chegam a nós por intermédio daqueles que nos deram a vida.

O julgamento

A questão do "não julgamento" é muito importante na teoria da constelação familiar. Em um exercício de empatia, é essencial entender o que o outro viveu e/ou sofreu; ter um olhar diferente para um fato ocorrido. Nós não costumamos respeitar a história vivida por familiares quando ela nos fere, entretanto, independentemente do comportamento das pessoas, é crucial reconhecer o devido lugar de cada um, algo que, seguramente, nos dá uma vida mais leve e promissora.

Cerca de 60% dos problemas causados no âmbito familiar advém do julgamento nas relações entre pais e filhos, cujas consequências são muito danosas. Em certas oportunidades, julgamos ser credores dos nossos pais. Porém, sob o ponto de vista do olhar sistêmico, esse é um dos fatores de maior influência negativa no sistema, pois impede que vejamos as coisas como elas simplesmente são.

Aliás, o próprio Bert Hellinger afirma que, os filhos que não aceitam os pais como eles são, praticam um ato de profunda arrogância, pois, por menos que os genitores tenham feito após o nascimento, deram a eles algo imensurável enquanto valor: a vida. O ideal seria que todos tivessem gratidão por ter recebido seu bem maior.

Na linguagem da constelação, ter gratidão pela vida significa reverenciar os pais. Logo, se um pai ou uma mãe não fizerem mais nada por um filho, após gerá-lo, ainda assim, são merecedores de uma reverência, porque deram àquela criança algo precioso, sendo que nada mais que for acrescentado à sua vida vai se igualar ao simples fato de ela existir.

Imagine qualquer coisa que você possa receber no futuro e veja se algo tem sentido se você não tiver a vida. As conquistas materiais, emocionais, amorosas, não têm um valor maior do que sua própria vida; você não desfrutaria disso tudo se não existisse. Portanto, reverenciar seus pais, aceitar como um presente generoso a existência que recebeu, inconscientemente, traz uma sensação de paz e inteireza.

Eu não posso assegurar que a pessoa que aceita os pais como são vai ter a garantia de ser feliz, mas reitero que, quem não os aceita, terá muita dificuldade de se realizar, de se sentir satisfeito. Sempre tem o vazio, a sensação de faltar algo devido à expectativa frustrada em relação às figuras paterna e materna, um vácuo que não se preenche com nada que você conquiste materialmente durante a vivência. Esse vazio só pode ser preenchido por si mesmo, mudando o seu olhar em relação ao seu pai e sua mãe, entendendo que eles só puderam lhe dar o que receberam dos genitores deles.

E, se o próprio indivíduo não dá valor para a existência que recebeu, dificilmente vai se sentir realizado, porque tudo o que ele conquistar, somar, vale menos do que a vida. Quem não se satisfaz com o "mais", jamais se sentirá satisfeito com o "menos". No final das contas, o ônus do julgamento não cabe a quem é julgado, mas, sim, ao julgador, que é quem realmente sofre com esse peso.

A harmonização

Considerando que a constelação traz à luz o que está oculto, o propósito é colocar ordem no sistema: dar força para quem se sente fraco, devolver o lugar de origem de quem o tomou indevidamente, deixar a responsabilidade nos ombros de quem é de direito, fazer com que cada um assuma seu devido papel, enfim, reconhecer a hierarquia, aceitar a história e reverenciar o lugar daqueles que chegaram primeiro, ou seja, a posição que ocupam na organização.

Conforme o foco específico para cada constelação, buscamos encontrar o ponto inicial que causou a dificuldade e, com essa percepção, harmonizamos por meio das "frases que curam", as quais representam o sentimento das pessoas, visando colocar ordem no sistema e reverenciar aqueles que vieram antes.

Na harmonização, cada um desempenha a função que é sua na organização, permitindo, assim, que a família esteja novamente com todas as peças no lugar. Sem nenhuma inversão de papéis, de posições. Isso só é possível porque as pessoas envolvidas no emaranhado renunciaram ao julgamento, deixando que o reconhecimento e o amor tomem conta do coração. Quando o "amar" se sobressai ao "julgar", podemos promover a reconciliação, o entendimento e o entrosamento familiar.

A prosperidade está relacionada a sentir-se satisfeito com o que se tem; não se trata exclusivamente de dinheiro, mas, sim, de evoluir na vida. Ninguém consegue ser plenamente feliz se não aceitar as pessoas como são; em especial, seus próprios pais. Volto a lembrar que isso não significa concordar com o que eles fazem, pois muitas vezes cometem erros, como todos nós. Aceitá-los como são é também um ato de reconhecimento da vida que você recebeu, o que não significa legitimar as atitudes deles como corretas, mas reconhecer as posições no sistema.

Capítulo 2

Os pilares que sustentam a constelação familiar

Fundamentalmente, há três princípios que regem a teoria da constelação: o pertencimento, a hierarquia familiar e o equilíbrio entre dar e receber. Se alguém consegue ter presentes em sua vida esses aspectos, ou seja, um sistema organizado, essa pessoa provavelmente será feliz, alegre e próspera.

Além disso, se um ou mais desses pilares são "quebrados", como quando, por exemplo, um pai não desempenha o papel que é dele, cria-se um emaranhado que traz problemas para outros membros da família, algo que pode ter influência do passado.

Pertencimento: todos têm o direito de fazer parte

Embora pareça ser sutil, o princípio do pertencimento atua de forma acentuada, devido ao olhar sistêmico voltado para o todo. Passamos a nossa vida inteira vinculados a sistemas, o de origem e os eventuais, sendo que, do primeiro, não nos desvinculamos sob hipótese alguma, nem mesmo quando morremos, pois não se pode abandonar o lugar que se ocupa no sistema familiar.

Como exemplo, ainda que alguém não se dê bem com seus pais e decida ir morar em outro país, sem contar para ninguém e sem transmitir os novos contatos, mesmo que nunca mais se falem ou se encontrem, rompem-se apenas os vínculos materiais. Nesse "exílio autoimposto", se essa pessoa se casar e tiver filhos, os pais que ela renega, independentemente da sua vontade, continuam sendo os avós dos seus filhos.

O vínculo familiar, portanto, é o único que não depende de aceitação, de convivência, de afetividade. No caso de um sistema eventual, para permanecer em uma empresa, preciso concordar com suas regras, se eu discordar, saio e me desvinculo de verdade. Porém, se eu discordar ou não estiver alinhado com a minha família, o máximo que posso fazer é ficar com raiva, pois não consigo me desligar, sair do seio familiar, já que esses vínculos são eternos, permanentes e perenes.

Ainda que você não goste ou nem mesmo conheça um certo antepassado, a carga genética de um tataravô corre em suas veias, bem como a herança emocional dele influencia a sua história, afinal, esse tataravô é pai do bisavô, que é pai do avô, que é pai do pai e, em uma escala maior ou menor, a influência desse personagem lá atrás é refletida até chegar a nós.

Hoje, por meio do estudo da Epigenética, pretende-se demonstrar cientificamente que o DNA não é apenas um transmissor de características biológicas, mas também dessa herança emocional. Portanto, posso me identificar com alguém que morreu 80 anos antes de eu nascer, porque o que me vincula a um membro familiar não é a convivência, não são laços afetivos. Trata-se de um vínculo característico do sistema familiar do qual eu nunca vou conseguir me desligar.

Como uma conexão transmitida de geração a geração, é como se houvesse um fio invisível que liga todos os consanguíneos em um campo energético, transmitindo e recebendo emoções e sentimentos. Esse reflexo enfraquece com a distância da conexão, ou seja, a relação entre o pai e o filho é mais forte do que a que existe entre o tataravô e o tataraneto, no entanto, o elo permanece e reverbera entre todos os membros.

O vínculo familiar não se dissipa; ele permanece mesmo depois da morte, pois a pessoa deixa de existir no campo material, mas não no campo da estrutura familiar.

Quando alguém falece por causas naturais, considera-se que o indivíduo cumpriu seu papel, contudo, quando ocorre um assassinato, um suicídio, um aborto, ou seja, uma morte não natural, relaciona-se a um tipo de exclusão que causa emaranhados em potencial.

Dessa forma, está pacificado que todos nós temos o direito de pertencer a um sistema familiar, não podendo, devido a isso, sermos excluídos. Aqui se fundamenta o primeiro dos alicerces da teoria da constelação: "pertencer" é um direito de todo indivíduo, logo, se houve exclusão – voluntária ou não – isso representa uma anomalia sistêmica, que precisa ser corrigida para que a engrenagem volte a funcionar adequadamente.

Hierarquia familiar: a precedência de quem chegou primeiro

O segundo alicerce da teoria diz respeito à hierarquia familiar. Antes de mais nada, esclareço que a nomenclatura não está relacionada a uma visão militarizada, nem mesmo a uma questão de valor, grau de importância ou poder. É um princípio pautado na precedência daqueles que nasceram primeiro, pois são a origem da nossa história e possibilitaram a vinda dos demais. Portanto, os filhos devem reverenciar os pais que lhe concederam seu bem mais precioso, a vida.

O conceito de "respeitar os mais velhos", consagrado na sabedoria popular, significa, na linguagem sistêmica, o estabelecimento e o reconhecimento da hierarquia familiar, que visa a dar ordem ao sistema, harmonizá-lo, pois quando não está em ordem, formam-se emaranhados que impactam negativamente nos familiares. Devemos, pois, reverenciar aqueles que chegaram antes, em especial, os nossos genitores.

Aqui faço um breve parêntese para enfatizar que a constelação é ainda mais rigorosa nessa relação com os pais, pois ninguém consegue atingir a felicidade plena se não for capaz de reverenciar o pai e a mãe, se não puder aceitá-los como são. Nas minhas palestras e cursos, esse ponto costuma causar certo alvoroço, pois muitos já tiveram ou têm dificuldades de relacionamento paterno e/ou materno e, com isso, se negam a aceitar "o que aconteceu". Porém, tal reverência não denota o valor pessoal, mas, sim, o reconhecimento do "lugar que ocupam no sistema". Aceitá-los como são está muito longe de concordar com o que eles fazem.

Podemos fazer uma analogia com os súditos da Inglaterra: quando reverenciam a Rainha, não estão reverenciando aquela mulher em específico, mas o cargo que ela ocupa, o que representa aquela posição. Ela não precisa estar presente para que seu lugar seja reconhecido e preservado. Quando a soberana morrer, uma personagem vai sucedê-la no trono e os súditos passarão a reverenciar essa nova regente. Logo, a constelação afirma que, ao reverenciar o pai e a mãe, estamos reverenciando aquilo que ambos representam no cerne do sistema, que é, nada mais, nada menos, que a origem da nossa história. Ao passo que reverenciamos nossos pais, estamos reverenciando a nossa própria vida, então, quem não reverencia o pai e a mãe, não reverencia a si próprio.

Refletir sobre isso, em um primeiro momento, traz-nos certa dificuldade de compreensão, pois estamos presos à materialidade, aos efeitos da convivência. E a constelação não cuida de aspectos materiais, pois volta-se às emoções e aos sentimentos em uma visão sistêmica. Contudo, é mais simples do que parece: nossos pais representam personagens que ocupam lugares no nosso sistema, sem os quais, nós não existiríamos.

Volto a frisar: reverenciar o pai e a mãe significa reverenciar "estar vivo", o que não implica em aceitar ou concordar com as atitudes individuais. Quando não se tem uma relação de afeto com os pais, costuma-se dizer na harmonização: "Eu não concordo com o que você fez, mas eu sei quem você é e reconheço qual é o seu lugar, então, pelo que você é, pelo lugar que você ocupa, eu te reverencio". Isso traz uma sensação de inteireza para o indivíduo.

Ao olhar para a hierarquia sob o ponto de vista temporal – e não de valor – pode-se compreender a importância do lugar que cada um ocupa. Se observarmos uma árvore genealógica, por exemplo, vamos perceber um sistema organizado, em que cada personagem assume sua posição, independentemente de ser uma boa pessoa ou não, de ser alguém que eu conheço ou não, de ter participado da minha vida ou não. Trata-se do lugar que um indivíduo ocupa no meu sistema familiar, papel esse que não pode ser delegado a outrem sob pena de violar o princípio hierárquico, uma vez que, quando alguém deixa de desempenhar sua própria função, cria-se um emaranhado que prejudica o funcionamento da engrenagem.

Compensação: o equilíbrio entre dar e receber

O terceiro princípio está presente em muitos problemas que as pessoas enfrentam. Para uma boa convivência, saudável e harmônica, é fundamental que haja equilíbrio entre dar e receber nas relações. Quando falamos em emoção, sentimento, é muito bom não se sentir devedor, nem mesmo credor. Porém, quando há desequilíbrio na reciprocidade, forma-se um emaranhado que pode afetar todos os membros da família.

Como exemplo, se em um matrimônio um dos cônjuges cede em demasia, faz mais pelo outro, vai muito além do que recebe, essa relação provavelmente corre um grande risco. E não só por conta de quem deu mais. Normalmente, a pessoa que recebeu mais é quem gera o conflito. É claro que existe a possibilidade daquele que deu muito – e não recebeu à altura – enjoar disso, mas, de modo geral, quem dá muito, faz com amor e se sente feliz em dar. É diferente para quem recebe muito e não consegue retribuir, nem compensar. Com o passar do tempo, essa pessoa começa a se sentir devedora e, portanto, inferiorizada.

Tudo isso acontece no campo inconsciente. Em uma relação conjugal, se uma das partes se sente inferior à outra, apesar de ter recebido mais, em determinado momento começa a se sentir constrangida e passa a evitar o relacionamento, por se sentir em dívida. Já o outro parceiro, que deu tanto, sente-se injustiçado pela ingratidão. Esse afastamento muitas vezes corresponde à vergonha de quem recebeu muito e não conseguiu retribuir. Essa relação está fadada ao fracasso, pelo simples fato de não haver equilíbrio entre dar e receber.

O mesmo se aplica às relações profissionais: se por um lado você trabalha muito, fica além do expediente, dedica-se ao extremo e se compromete profundamente com o trabalho, é frustrante ganhar pouco em termos financeiros e não obter um agradecimento sequer do chefe. A pessoa que se sente injustiçada só vai permanecer no emprego se não tiver outra opção e, ainda assim, estará cada vez mais descontente e produzirá menos, porque não se sentiu recompensada, até que surgirá uma oportunidade de buscar novos ares.

Já em uma relação de amizade, se no grupo são sempre os mesmos amigos que ajudam, dão carona, compartilham os momentos bons, mas você não consegue retribuir nada disso e não os convida para participar de coisas boas e alegres da sua vida, chega um momento em que fica desproporcional. Um lado cede demais, o outro recebe muito e não consegue retribuir. Esse tipo de amizade também acaba.

Todavia, há uma única relação em que o equilíbrio entre dar e receber não é importante, não faz a menor diferença: a relação entre pais e filhos. Isso porque os nossos pais nos deram algo tão grandioso que, por mais que façamos, jamais conseguiremos retribuir o que recebemos. Afinal, eles nos deram a "vida" propriamente dita.

Convido o leitor a exercitar uma reflexão: o que você poderia fazer para retribuir a vida que ganhou? O que tem mais valor do que a vida? Lembrando de que, nessa relação com os pais, os filhos não são obrigados a retribuir, pois por mais que tentem, não conseguirão corresponder à altura aquilo que receberam. Por isso, os nossos pais merecem uma reverência, pelo simples fato de existirem, independentemente do que fazem ou do que fizeram, porque é deles que advém a vida, aquilo que temos de mais importante.

A partir daí, temos dois perfis distintos ao lidar com esse sentimento de dar e receber no tocante aos pais. O primeiro perfil contempla aqueles que se sentem gratos pelo que receberam, considerando que, além da vida, alguns tiveram adicionalmente carinho, amor, acolhimento, educação e apoio, ao passo que outros receberam "apenas" a vida, pois podem ter sido entregues para a adoção logo após o nascimento e, com isso, nunca chegaram a receber amorosidade e afeição dos genitores. Ainda assim, esses filhos sentem gratidão pela vida que receberam.

O segundo perfil é ligado àqueles que não conseguem se sentir satisfeitos com o presente vital que receberam dos pais. Em geral, estamos diante de indivíduos que, ao se tornarem adultos, não importa o que ganhem, o que conquistem, sempre sentirão que falta algo e nunca se darão por satisfeitos. Em alguns momentos, tal sentimento impulsiona essas pessoas para conquistar muito na vida, em termos materiais, porém, não conseguem alcançar a felicidade.

Quem se sente carente em relação aos pais, quem não consegue se sentir satisfeito pela vida que recebeu, costuma sentir um grande vazio no peito. E, por mais que ganhe, começa a jogar todas essas vitórias nesse imenso buraco que carrega dentro de si na esperança de sentir-se inteiro, completo. No entanto, jamais vai conseguir preencher esse vácuo, porque o que lhe falta não diz respeito ao que está conquistando, mas, sim, àquilo que julga que os pais deveriam lhe dar e não deram. Logo, nunca consegue se sentir realizado em sua plenitude.

Não obstante, aqueles que se sentem satisfeitos pelo que receberam dos pais, costumam se sentir pessoas inteiras, completas, plenas. Assim sendo, tudo o que conquistam serve para agregar ao seu crescimento, visto que não se destinam a preencher lacunas emocionais e, dessa forma, podem servir ao propósito de engrandecer, prosperar.

Por conseguinte, uma pessoa que tem a segurança de se sentir parte de uma família, que se sente acolhida, que sabe o lugar exato que ocupa no seu sistema e que reconhece o lugar de cada um, ou seja, que consegue sentir-se grata e satisfeita pelo que recebeu dos pais, tende a ser feliz e realizada.

Capítulo 3

Por que a constelação familiar funciona?

A constelação familiar atua, como já dissemos, no campo emocional e não no campo material. Assim sendo, ela é atemporal e não está vinculada ao espaço. A relação tempo-espaço não afeta ou interfere nas constelações.

Só é possível realizar uma constelação por conta da existência de um campo energético que atua sobre cada sistema familiar, que chamamos de campo mórfico ou morfogenético. Esse campo é específico de cada sistema e identifica as respectivas famílias e seus componentes. É como a impressão digital do sistema familiar, o que individualiza e distingue uma família das outras.

Imagine um fio energético (invisível), que liga todos os personagens de uma mesma família, essa conexão faz com que cada um seja, ao mesmo tempo, um transmissor e um receptor de energia.

Emitimos, nesse campo energético, as sensações relacionadas aos nossos sentimentos e emoções, que são captadas pelos demais membros do sistema (família), assim como recebemos os sinais emocionais emitidos pelos demais membros dessa família.

É verdade que essa percepção dos aspectos emocionais, que se movimentam dentro do campo mórfico de cada família, acontece em grau e intensidade diferentes dentre os membros. Essas diferenças acontecem levando-se em conta a proximidade não física, mas da linha de ascendência dos indivíduos dentro do sistema. Desse modo, um filho tem uma percepção muito maior dos sentimentos e das emoções do seus pais, do que daquelas vividas por seus bisavós.

Vale ressaltar que essa regra não está vinculada à proximidade física, como já abordamos, mas, sim, pela linha de ancestralidade. Mesmo uma criança adotada ou criada pelos avós, sem a presença dos pais, ainda assim terá maior percepção e influência dos sentimentos de seus pais biológicos.

Apesar de haver certa resistência em reconhecer a constelação familiar como uma ferramenta eficiente no tratamento para solucionar muitos problemas ligados à saúde emocional, no meu ponto de vista e, igualmente para muitos outros profissionais em todo o mundo, talvez seja a mais importante "descoberta" no setor dos últimos anos.

Trata-se da constatação da existência do campo mórfico e do domínio da técnica necessária para "acessar" e trabalhar dentro desse campo de energia, proporcionando a possibilidade de resultados surpreendentes na solução de problemas, não só da pessoa que se submete à constelação familiar, mas também com repercussão em todo o sistema familiar, uma vez que, conforme dissemos anteriormente, cada membro da família é capaz de emitir e receber os efeitos produzidos no campo emocional por qualquer de seus membros.

Essa característica, de atuar não só no personagem que faz a constelação, mas em todos os personagens do sistema familiar que estejam diretamente vinculados ao tema foco da constelação, constitui o grande diferencial dessa maravilhosa técnica.

Enquanto na grande maioria das técnicas relacionadas à saúde emocional o centro da atenção e o foco exclusivo do atendimento é o indivíduo, na constelação familiar, isso é diferente.

Por ter uma abordagem sistêmica, o "olhar" da constelação familiar é voltado para todo o sistema familiar. Olhamos o indivíduo não isoladamente, mas como uma "peça" dessa "engrenagem" chamada família, um olhar que trata o indivíduo através da sua história ancestral, levando em conta as histórias e as experiências vividas por seus antepassados.

Costumamos dizer que atendemos o indivíduo, entretanto, estamos a serviço do sistema familiar. Quando "curamos" um membro da família, curamos vários outros membros que, de alguma forma, estão vinculados ao campo emocional, à origem do problema.

Na visão da constelação familiar, não é possível curar alguém no presente sem que sejam curadas as feridas do passado que geraram o problema no presente. Não se cura o efeito sem eliminar a causa.

Como atua a constelação familiar?

A constelação familiar não atua na esfera racional, mas no que está oculto. Ela traz à luz aquilo que não enxergamos. Essa característica acontece em outras técnicas de terapia, porém, na constelação familiar, trazemos à luz o que está oculto não só do personagem que é o foco da constelação, mas ampliamos para o que está oculto no próprio sistema familiar.

A constelação não é feita sobre pessoas ou fatos, mas, sim, sobre as emoções e os sentimentos gerados pelas pessoas ou pelos fatos. A constelação funciona porque não está presa aos indivíduos ou à materialidade dos fatos.

Não podemos mudar o que passou, contudo, podemos mudar as emoções e os sentimentos gerados no passado. Os fatos são imutáveis. As emoções e sentimentos não. Por isso, eu posso fazer uma constelação com a representação energética de um personagem que influencia minha vida e que já esteja morto ou posso constelar uma situação ocorrida até mesmo em outro continente, porque a constelação familiar, por não atuar sobre pessoas ou fatos, não fica limitada ao tempo e ao espaço.

Volto a frisar: *a materialidade é imutável, o emocional não*. Por esse motivo, a constelação funciona.

A constelação na prática

Na prática, a constelação atua da seguinte forma: a pessoa interessada faz uma breve entrevista com o constelador para delimitar qual será o foco (o problema a ser resolvido), mediante informações sobre seu histórico familiar.

Uma vez concluída essa etapa, o constelador monta a estratégia que será utilizada e determina os personagens da família que irão compor a dinâmica que será levada a efeito na constelação.

Em seguida, serão escolhidas pessoas na plateia, aleatoriamente, para representar esses personagens familiares. Dessa forma, posicionando cada um dos personagens através dos representantes, tem início a dinâmica da constelação propriamente dita. É nesse momento que atua fortemente o aspecto fenomenológico da constelação familiar.

Uma vez "instalado" o campo mórfico correspondente ao sistema familiar de quem está sendo constelado, os escolhidos para representar os personagens da família passam a interagir no campo mórfico e a captar nesse campo os sintomas emocionais daqueles que estão representando, ou seja, passam a "sentir" ou a se "comportar" como os próprios personagens representados.

Não conseguimos ter uma explicação fundamentada em base científica para essa identificação entre o representante e o personagem familiar representado, entretanto, observando de modo empírico pelo método da constelação, esse fenômeno acontece, incontestavelmente. Esse é o aspecto fenomenológico da constelação familiar.

Os aspectos fenomenológicos são aqueles constatáveis na prática, sem que a ciência consiga explicar. Isso não significa que eles não ocorram, mas apenas não são aplicáveis cientificamente, assim como ocorre com os ditos fenômenos naturais.

Quando "conectados" os representantes com os personagens dentro do campo mórfico, o constelador inicia uma série de movimentos e perguntas aos representantes com o intuito de formar uma imagem dentro da dinâmica que permita identificar o foco ou a origem geradora da dificuldade, objeto da constelação. Após essa fase, caminha-se para a solução, o que chamamos de harmonização.

Nesse momento, o constelador utiliza as "frases que curam"; que nada mais é que frases contextualizadas dentro de uma linguagem e abordagem sistêmica, que têm por objetivo eliminar as dificuldades emocionais encontradas no campo e harmonizar as relações familiares conflituosas que geraram o emaranhado dentro do sistema familiar.

Capítulo 4

Principais tipos de constelação

A constelação familiar aborda vários assuntos relacionados à vida da pessoa e as dificuldades por ela encontradas. Contudo, em sua materialização, podemos dividir as constelações familiares em dois grandes grupos: a constelação de origem e a constelação de aspecto.

Constelação de origem

A constelação de origem tem por objetivo "pôr em ordem" o sistema familiar que se encontra emaranhado. Com isso, podemos alcançar resultados positivos para situações que estejam ocorrendo dentro do sistema familiar, tais como: inversões de papéis, exclusões, recusa de ocupar o lugar que é seu na "engrenagem", identificação com a origem familiar ou ainda quando há uma grande desunião em todo o sistema.

58 | Constelação Familiar

Nesses casos, participam da constelação, por meio de representantes, os personagens que compõe o sistema familiar básico, ou seja, pai, mãe e filhos. Desde o início, todos eles são colocados no campo. Através de movimentos espontâneos de cada um e da percepção emocional sentida por cada representante em relação aos demais personagens, podemos localizar a fonte do "problema". A partir daí, podemos passar para a fase de harmonização de todo o sistema.

Cabe ressaltar que, quando, através dos movimentos ocorridos no campo, localizamos o personagem que origina a dificuldade, isso não quer dizer que achamos o "culpado", ao contrário, significa que a influência que gera o problema vem por meio do histórico e da herança familiar desse personagem.

A constelação familiar não julga, não trabalha com conceitos de certo e errado; esse não é o seu foco, mas, sim, buscar os sentimentos herdados pelos antepassados com os quais o personagem está identificado, para que, a partir desse ponto, em que a dificuldade é manifestada pela primeira vez, possamos vir, de geração em geração, harmonizando e eliminando o sentimento negativo, até chegar ao presente.

Para ilustrar como isso acontece, compartilho com vocês uma experiência que vivi em uma constelação que realizei. Na oportunidade, o fato a ser encarado era uma situação radical de desunião entre todos os membros da família, que era composta por pai, mãe e quatro filhos.

Colocados os seis personagens no campo, os representantes se espalharam no espaço, ficando cada um em um canto e alguns sentiam-se tão desligados da família, que se posicionavam de costas para os outros.

Com perguntas próprias a cada personagem, busquei identificar como cada um se sentia e como cada um se sentia em relação aos demais. Para minha surpresa, e até mesmo do cliente que veio buscar a constelação, todos manifestaram, além do desinteresse pelos consanguíneos, um sentimento generalizado de raiva, sem que houvesse motivo aparente para tanto.

Utilizei vários movimentos pertinentes à constelação até conseguir perceber que a origem de toda aquela raiva partia do personagem do pai. Na verdade, a raiva era de fato generalizada, mas todos manifestavam um grau maior dessa raiva quando questionados em relação à figura do pai.

Isso não significa que o pai seja o causador da raiva, mas, sim, que o sentimento se instalou no sistema familiar através dos antepassados dele. Então, incluí no campo os representantes dos personagens do histórico familiar desse pai. Assim, os avós paternos foram os primeiros a ser colocados em campo.

Com a presença dos avós, observei que todos os filhos alegaram ter o sentimento de raiva aumentado, mas dessa vez, a raiva era direcionada para a avó paterna. Alguns deles relataram que, ainda que perdurasse, havia diminuído a raiva que sentiam do pai. Percebi com clareza que, através da avó paterna, aquele sentimento de raiva percorria e chegava ao sistema familiar, entretanto, não era nela que residia a origem do problema.

Coloquei então no campo os representantes dos pais dessa avó paterna e, de imediato, a representante dessa mulher caiu no chão. Nessa posição, deitada no chão, ela alegava que sentia tanta raiva que não conseguia nem olhar para o representante do pai dela. Encontrei nessa relação o ponto de origem do sentimento de raiva em todo o sistema familiar, que chegou até o presente.

O motivo original da raiva foi que a avó do constelado havia engravidado solteira e a rejeição do pai foi tamanha que não só expulsou a filha de casa, mas também a baniu da família, impedindo que os outros pudessem ajudá-la ou mesmo falar novamente com a deserdada.

Naquele momento, ocorreu uma exclusão e um emaranhado no sistema familiar. Um personagem que tinha o direito de pertencer foi excluído do sistema e, dessa forma, inconscientemente, amaldiçoou o conceito de família. Esse sentimento veio sendo transferido de geração a geração, até chegar no presente.

Foi necessário harmonizar a filha com o pai, lá atrás, além de fazer a inclusão do filho bastardo no sistema familiar, para que, na origem, fosse desfeito o emaranhado, de modo que todos ocupassem o seu lugar de direito na "engrenagem". Com isso, no presente, todos puderam finalmente aceitar o seu próprio lugar.

É assim que a constelação funciona, não julgando, não atribuindo culpa, mas, sim buscando a origem de um sentimento ruim e trabalhando para transformar esse sentimento, o que, consequentemente, elimina a influência e a identificação dos descendentes com essa dor, com esse sofrimento. Essa é uma típica constelação de origem, que não se foca em um personagem, mas em todo o sistema.

Constelação de aspecto

Por outro lado, temos a constelação de aspecto. Como o próprio nome diz, o foco é relacionado a uma questão específica vivenciada por um personagem. Nesse tipo de constelação, podemos abordar particularidades como a dificuldade no relacionamento amoroso, nas relações sociais, na área profissional ou financeira, sensação de rejeição, de "não fazer parte", dificuldade em encontrar um rumo na vida e até mesmo os reflexos que esses sentimentos trazem no aspecto físico das pessoas, incluindo a obesidade, a depressão, entre tantos outros casos que a constelação pode ajudar.

Diferente da constelação de origem, nessa modalidade, o ponto focal é o indivíduo dentro do sistema familiar em busca da causa de um aspecto específico que atinge o constelado. O foco é específico, ainda que ocorra no campo energético do sistema familiar da pessoa. Também é verdade que a origem do problema pode estar vinculada a um antepassado e, portanto, para realizar essa constelação de aspecto, podem ser incluídos no campo os representantes de personagens da família daquele que buscou a constelação.

Nesse momento você pode estar se perguntando se o campo é o mesmo, se em ambas as constelações participam personagens da família da pessoa, por que não realizar todas as constelações como se fossem de origem? A resposta está na intenção e no foco.

A constelação de aspecto busca uma causa determinada, cujos efeitos refletem em um personagem específico (quem veio buscar a solução). Assim, montamos a constelação com apenas dois personagens no campo, o próprio constelado e um representante para o sentimento que o incomoda. Dessa forma, direcionamos a busca da origem do problema de forma objetiva, "desprezando" outros aspectos emocionais, que porventura atinjam outros personagens da família do constelado.

Explico: imagine uma família com seis personagens (pai, mãe e quatro filhos). Uma constelação de origem buscaria harmonizar a convivência ou eliminar dificuldades que atinge a todos. Agora, caso um dos filhos tenha, por exemplo, dificuldades profissionais, e isso seja algo apenas dele, já que o outro tem problemas no relacionamento amoroso e um terceiro não se sente pertencente à família, essas são constelações de aspecto.

Levando em conta que, para funcionar, a constelação necessita da intenção, se o problema não for comum a toda a família, corremos o risco de ter o foco desviado na hipótese de colocar no campo todos os seis membros. Assim, o foco original, o do constelado, seria desvirtuado para outros aspectos que não o seu. Em outras palavras, a constelação de aspecto é a busca da solução de um problema específico que atua sobre um personagem da família.

Na constelação de aspecto é tão forte a necessidade de ser específico, que não conseguimos fazer uma constelação que envolva terceiros sem o "consentimento" deles. Nesse sentido, costumo dizer aos meus alunos que não é possível "constelar por procuração".

Há situações de pessoas que por algum motivo não podem vir pessoalmente fazer a constelação, como quem não pode se locomover, por exemplo, mas que tem a intenção de fazer. Nesse caso, a constelação será feita com foco no problema por ela sentido e, portanto, é necessário que ela tenha a intenção de resolver.

Certa vez fui procurado por uma senhora que queria a todo custo fazer a constelação do casamento do filho dela, alegando que ele era infeliz. Além de perguntar o problema e o motivo pelo qual ele não poderia vir constelar, eu disse que ela precisaria conversar com ele para entender de que forma o casamento dele refletia na sua infelicidade.

Contudo, ela respondeu que o filho não sabia que seria feita a constelação. Respondi então que eu não poderia constelar, pois a infelicidade do filho era, na verdade, a interpretação dela mesma, que não aceitava a união dele. Ali não havia nenhuma intenção do filho em fazer a constelação e, portanto, não daria certo, visto que faltaria na dinâmica a intenção e até mesmo a motivação.

Outro caso curioso foi de outra mãe, aflita com seu filho que era alcoólatra. Ela queria constelar o alcoolismo dele e expliquei que a constelação só funcionaria com a intenção dele de resolver o problema. Ela voltou tempos depois acompanhada do filho. Quando chegaram, ela me chamou num canto dizendo: "ele não queria vir e eu disse a ele que era um assunto meu". Repeti, então, que eu não poderia constelar o alcoolismo dele sem que o próprio desejasse. Ela foi para perto do filho, conversaram entre si e depois ele veio conversar comigo, dizendo que ia fazer a constelação para ajudar a mãe. Fiquei muito desconfiado, mas aceitei fazer a constelação, afinal, ele mesmo manifestou o interesse.

Quando perguntei o que ele gostaria de constelar, ele disse: "Não sei, é pra resolver o problema da minha mãe". Contei a ele que esse problema da mãe era o fato de ele ser alcoólatra. O homem arregalou os olhos e disse: "Mas eu não sou alcoólatra". Eu respondi: "Sua mãe acha que você é". Ele desistiu de fazer a constelação. Se tivesse feito, não teria funcionado, pois esse não era um problema que ele reconhecia que tinha. Ninguém pode se curar se não entender que está doente, pelo menos sob o ponto de vista emocional.

Veja agora os fatores mais comuns que podem desencadear o emaranhamento familiar:

Relação entre pais e filhos

O vínculo entre pais e filhos é o mais forte que existe, sendo capaz de trazer consequências extremamente positivas ou negativas, além de influenciar todos os outros tipos de relação. Em primeira instância, é por intermédio dos nossos pais que recebemos a vida, portanto, essa é a origem de existirmos – e isso, notadamente, parte da união entre o pai e a mãe. Essa condição primária independe de sentimento ou relacionamento, pois é a fonte da nossa história.

Sob a ótica da constelação, mesmo que alguém diga: "Eu nem conheci meu pai, ele abandonou a família antes do meu nascimento, ele ate já morreu, no final das contas, outros me influenciaram mais do que ele", tal afirmação diz respeito à relação material; e é comum associar ao convívio, à troca de afeto, etc. Já na origem, na história familiar, não há nenhum outro personagem que influencie mais a nossa vida do que nossos próprios pais, e isso se concretiza em um campo muito além da convivência. Trata-se de uma cadeia: do bisavô até chegar ao bisneto, aconteceram mais três relações paternas, sendo assim, o núcleo de qualquer sistema familiar reside justamente na relação entre pais e filhos, ainda que a referida relação seja de ausência. Afinal, nós recebemos dos nossos pais – independentemente de ter consciência disso, de aceitar ou não aceitar – as cargas genéticas e emocionais que nos identificam com a origem familiar.

A influência que os pais exercem sobre os filhos é a mais absoluta e preponderante, a despeito de não haver contato após o nascimento. É o caso das crianças adotadas na maternidade: a maioria delas nunca viu e, talvez, não terá a oportunidade de conhecer os pais biológicos, porém, apesar desse fato, elas têm uma origem de vida suportada por eles – e daí vem a herança genética e emocional. Já quando há convivência após o nascimento, os vínculos são lapidados com um amplo leque de opções que vão direcionar a relação para a felicidade ou para a infelicidade.

Retomando um dos preceitos básicos da teoria, voltamos à premissa de que os filhos devem receber dos pais e, por sua vez, esses têm que dar aos seus filhos. Essa é a relação normal, tradicional, bem como espera-se que os genitores só transfiram o que têm de bom, assim como cabe aos descendentes tomar para si só o que é bom. Porém, na prática, isso nem sempre acontece. Eu diria que cerca de metade das constelações que já fiz tratava justamente da relação entre pais e filhos, ou seja, das anomalias e vícios que acontecem e dos impactos causados em nosso dia a dia.

Quando uma relação entre pais e filhos é amorosa, normalmente temos como consequência um filho seguro, estável e independente. Porém, há o outro lado da moeda, que é quando os pais, na ânsia de dar o melhor aos filhos, acabam ultrapassando o limite do que é justo dar a eles, com isso, transforma-os em pessoas sem direcionamento, em indivíduos dependentes. Em outras palavras, cabe aos pais dar aos filhos tudo de bom que têm dentro deles, mas não devem tutelá-los ao ponto de inibir a iniciativa, a tomada de decisão.

Em geral, uma pessoa dependente caracteriza-se pelo vínculo não satisfatório com os pais. Por "um vínculo não satisfatório", não me refiro ao acolhimento, amor e carinho, pois isso nem sempre é suficiente para que haja satisfação. Uma relação satisfatória entre pais e filhos deve conter todos esses aspectos afetivos, da mesma forma que deve conter a valorização do filho.

Os pais devem dar aos filhos as ferramentas para que eles construam seu próprio caminho. Não é legítimo a eles, os progenitores, que construam tais caminhos. Essa relação é saudável quando os pais têm a clareza do limite daquilo que devem transferir aos filhos para que eles possam, por si só, construir o caminho que desejarem. Afinal, a vida é feita de erros e acertos.

Nessa seara, os pais podem zelar pelos filhos, mas não podem viver a vida no lugar deles. Muitas vezes, essa equação é extremamente delicada, podendo gerar consequências muito ruins no futuro, se esses filhos não ganham dos pais a autonomia e a confiança. A criança precisa sentir que os pais confiam nela, para que se sinta segura perante o mundo que se descortina à sua frente ao se tornar um adulto.

Voltando ao ponto em que mencionei os dois tipos de relação e as suas consequências, a primeira delas é ligada ao amor e à afetividade, ao passo que também pode ser insatisfatória em vias de fato, em se tratando de transferência positiva ou negativa. Se a referida relação não é satisfatória, se os pais transmitem algo indevido e, por conseguinte, se os filhos tomam para si o que não lhes é devido, provavelmente os resultados são dolorosos para esses descendentes. Tal transferência, na maioria das vezes, acontece de forma inconsciente.

Aqui temos dois lados e ambos são danosos: quando os pais não permitem que os filhos construam seu próprio caminho, isso gera insegurança, como já mencionei; mas se os pais não dão aos filhos aquilo que deveriam dar, podem ensejar sentimentos que vão da rejeição à carência, o que igualmente atrapalha a vida de um adulto. É seguro dizer que a relação entre pais e filhos é saudável justamente quando é feita no limite, tanto do mínimo necessário, quanto do máximo possível, visto que os pais não devem extrapolar as balizas, nem para menos, nem para mais.

Aliás, a percepção e o reflexo da eventual influência inadequada dos pais pode se manifestar como um todo no indivíduo, sendo ele extremamente carente ou arrogante, mas também pode se revelar em setores da vida, gerando problemas, por exemplo, no trabalho ou no relacionamento afetivo.

Cabe ressaltar que, com frequência, os filhos cobram dos pais o recebimento daquilo que eles não têm condições de dar. Às vezes, sentem-se carentes, como se fossem credores, porque acham que o pai ou a mãe deram menos do que eles queriam receber, a despeito de aspectos materiais e financeiros, pois refiro-me ao campo emocional.

Assim, ao olhar para os pais, é necessário que os filhos enxerguem a história deles, o que vem lá de trás, para que possam perceber se eles realmente têm condições de dar aquilo que querem receber. Ninguém consegue dar mais do que recebeu. Só podemos dar o que temos, o que está ao nosso alcance, independentemente do quanto o outro quer receber.

Nesse sentido, chegamos a um dos alicerces da teoria da constelação: a aceitação, isto é, os filhos devem aceitar os pais como eles são. E isso não significa concordar com comportamentos ou atitudes deles, pois refere-se a enxergar os genitores no contexto do sistema familiar.

É claro que, ao longo da vida, as pessoas vão agregando sentimentos, conhecimentos, informações que podem lapidar e ajudar a superar dificuldades, mas, essencialmente, sob o ponto de vista emocional, nossos pais são o resultado daquilo que receberam dos pais deles. Se olharmos para eles sem enxergar o que está lá atrás, fica muito difícil de compreendê-los e aceita-los como eles são. Devemos olhar para a família de modo sistêmico, global, não podemos considerar um personagem ou um fato isoladamente. Isso diz respeito ao princípio da hierarquia: reconhecer o lugar do pai e da mãe no sistema familiar, lugares esses que representam a origem da nossa vida.

Sermos gratos pela vida que recebemos denota não trazer expectativas do passado e, com isso, saber o caminho que queremos trilhar adiante. Sendo pessoas inteiras, tudo o que ganhamos ao longo da existência serve para agregar a essa inteireza, crescer, prosperar. De modo que, quando alguém se sente credor dos pais, quando não aceita o que recebeu, essa pessoa acaba sentindo um grande vazio e, tudo o que conquista, acaba jogando dentro desse buraco, para tentar preencher a lacuna, o que faz com que esse indivíduo não consiga evoluir.

É essencial ter um bom relacionamento com os pais, porque se não aceitamos o pai e a mãe como são, se não reverenciamos essas figuras, se os julgamos, se não contemplamos nossa história familiar, se não olhamos de forma amorosa para o passado, se negamos nossa herança, isso tudo significa que também não damos valor para a nossa própria vida e, consequentemente, não conseguimos ser integralmente felizes.

Por fim, para fechar essa importante questão, creio que o poema a seguir, de Börries von Münchhausen, citado no livro de Bert Hellinger *No Centro Sentimos Leveza*, resume bem a mensagem a ser transmitida.

A bola dourada

O que recebi pelo amor de meu pai
eu não lhe paguei,
pois, em criança, ignorava o valor do dom,
e quando me tornei homem, endureci
como todo homem.

Agora vejo crescer meu filho,
a quem amo tanto
como nenhum coração de pai
se apegou a um filho.

E o que antes recebi
estou pagando agora
a quem não me deu
nem vai me retribuir.

Pois quando ele for homem
e pensar como os homens,
seguirá, como eu,
os seus próprios caminhos.

Com saudade, mas sem ciúme,
eu o verei pagar ao meu neto
o que me era devido.

Na sucessão dos tempos
meu olhar assiste, comovido e contente,
o jogo da vida:
cada um com um sorriso,
lança adiante a bola dourada,
e a bola dourada nunca é devolvida!

Inversão de papéis

Dentre as anomalias no sistema familiar, muitas delas estão ligadas à relação entre pais e filhos. É comum haver uma inversão de papéis, que pode acontecer de duas maneiras: se os filhos pretendem ocupar o lugar do pai ou da mãe, o que não lhes é legítimo; ou se um dos pais se recusa a cumprir o seu papel, a ocupar o lugar que é seu.

Por exemplo, com a morte da mãe, uma das filhas pretende assumir o papel maternal, assim como, em uma eventual morte do pai, um dos filhos se dispõe a ser a figura paterna. Eles naturalmente podem – e devem – ajudar os familiares em uma situação delicada, mas devem fazê-lo na condição de filhos, de irmãos, e não buscando assumir a posição dos pais.

Por outro lado, quando um pai ou uma mãe não desempenha a sua própria função espontaneamente, essa é uma indicação forte de que eles não foram valorizados pelos respectivos pais no passado. São pessoas que não têm firmeza de propósito, não têm segurança, porque foram crianças não reconhecidas pelos pais. Crianças desvalorizadas ou superprotegidas não tiveram a chance de aprender por si só. Tanto num caso como no outro, as consequências são adultos inseguros e incapazes de assumir responsabilidades.

Normalmente, quando há uma inversão de papéis, isso é causado como reflexo de uma situação já acontecida no sistema familiar da pessoa. Pode ser que, lá atrás, tivemos avós extremamente autoritários ou que sofremos abandonos, situações que geram emoções fortes, sentimentos que vão na linha da contraversão dos valores e dos papéis dentro do sistema.

Relacionamento afetivo

Neste ponto, retomamos um dos princípios fundamentais da constelação: o equilíbrio entre dar e receber, bem como o conceito da lealdade infantil, aspectos esses que interferem no relacionamento afetivo à medida que a família é unida por vínculos e isso determina a identificação das pessoas.

Em geral, quem apresenta dificuldade de relacionamento pode estar identificado com algum personagem do seu passado que igualmente não conseguiu ser feliz. Ainda que de maneira inconsciente, isso traz um grande peso na limitação do indivíduo de se sentir feliz e realizado em um relacionamento, seja porque ele se boicota ou porque recebe como herança o fardo dessa infelicidade.

Em paralelo, tal dificuldade também pode estar relacionada a um relacionamento frustrado do pai ou da mãe no passado. Imagine uma situação em que um homem teve um grande amor e, por algum motivo, ficou frustrado. Esse homem conheceu outra mulher, casou-se e teve filhos, mas durante a vida toda sentiu a decepção de não ter realizado aquele amor que foi muito importante para ele. Algum de seus filhos pode, inconscientemente, identificar-se com essa frustração e, com isso, negar-se a ser feliz no próprio relacionamento. Em um ato de amor e de solidariedade, é como se esse filho compartilhasse a desilusão e a dor do pai.

Fiz uma constelação em que a mulher constelada, que estava com problemas no casamento, era descendente de imigrantes que fugiram da guerra. As famílias se encontraram no navio e combinaram a união dos respectivos filhos, os quais se conheceram no momento da cerimônia. Um vínculo arranjado por necessidade, por fragilidade. Embora não tenham se casado por amor, honraram os compromissos firmados e tiveram filhos. Depois de muito tempo, sua neta, a mulher constelada, identificou-se justamente com a infelicidade e o sofrimento da avó, ao estar casada, sem sentir amor, prazer e alegria.

Maldição

Aqui faço um parêntese, pois assim como a referida frustração pode vir por meio da herança, da identificação, ela também pode vir na forma de uma maldição. Sobre isso, fiz uma constelação muito marcante, que exemplifica bem essa situação: na anamnese, uma mulher relatou que era infeliz no casamento, mas o marido era um bom homem, as filhas eram maravilhosas, eles tinham estabilidade financeira, emocional, enfim, mesmo que se amassem, ela não se sentia feliz.

Ao buscar a origem do problema, da insatisfação, com muito custo achamos o ponto de origem desse trauma quando ela comentou que o pai teve uma noiva, por quem era apaixonado, mas a abandonou por ter engravidado a mãe dela. Essa paixão era tão grande que, quando a criança nasceu, o pai colocou na filha o nome da ex-noiva, o que gerou um pesado fardo relacionado à infelicidade conjugal, amorosa, afetiva...

Enfim, a constelada era a personificação da tristeza e da frustração do seu pai. No final das contas, o campo mórfico nos mostrou que, embora ele não soubesse, quando abandonou a noiva ela também estava grávida e, por orgulho, por estar ferida, nada contou a ele, o homem acabou morrendo sem saber desse filho. Uma história de desventura para todos os lados, em que a filha carrega o nome do ex-amor do pai e, com isso, o peso da frustração dele. Com uma intenção inconsciente, foi uma forma de transferir, de projetar na filha aquilo que ele não realizou, o sentimento de não ter sido feliz.

Relacionamento de casais

Costumamos dizer que, em um relacionamento no qual uma das partes não consegue olhar de forma amorosa para a família do companheiro, tal conexão está fadada ao fracasso, pois reconhecer o valor, respeitar a história dele, significa, da mesma maneira, ter um olhar amoroso para o próprio companheiro e, com isso, estimular uma relação saudável, satisfatória.

Quando não se consegue contemplar a bagagem desse par, acaba-se despertando o sentimento de rejeição nele, pois, apesar de ser facultado discordar de eventuais atitudes de seus familiares, é crucial respeitar a origem da vida daquele parceiro e vice-versa. Dessa maneira, a felicidade reside necessariamente em reconhecer o lugar da família de origem de quem está ao seu lado.

É fato que muita gente é infeliz no casamento e não se separa por várias razões: acomodação, medo, pressão de conceitos religiosos e, algumas vezes, por amor não reconhecido, não identificado. O amor que constrói também destrói. E não é incomum que se use o amor para se vingar, com o pensamento de que "se você não vai ser feliz comigo, não vai ser com mais ninguém".

As relações afetivas são muito complexas e, para relembrar, é imprescindível manter o equilíbrio entre dar e receber. Quando há desequilíbrio, quando um entrega mais do que o outro, esse que recebe mais acaba gerando a dificuldade no relacionamento, porque se sente incomodado em receber tanto e não ter a capacidade de compensar ou retribuir.

Relacionamentos homoafetivos

A constelação enxerga a homossexualidade como uma capacidade superior de externar o sentimento de amor. O próprio Bert Hellinger define como uma "sublimação do amor". Fato é que a relação homoafetiva rompe barreiras, enfrenta preconceitos, tem uma força muito poderosa. É uma forma especial de amar.

O pior dos traumas na homossexualidade é a autoaceitação. A autorrejeição é muito mais dolorida do que a discriminação de terceiros. A infelicidade e o sofrimento são mais intensos e interferem nos relacionamentos afetivos como um todo, porque a frustração é permanente.

Se a família rejeita essa pessoa, isso interfere no relacionamento familiar. Já no que concerne ao relacionamento afetivo, é diferente quando você tem dificuldade de se relacionar porque há patrulhamento, discriminação; isso gera insegurança, mas o processo inverso não ocorre. O que acontece na verdade, é de o comportamento familiar influenciar no comportamento afetivo.

Hoje em dia, felizmente, existe um número cada vez maior de famílias que acolhem, aceitam e tratam com amor o sentimento de cada um, a despeito da orientação. Historicamente, muitas pessoas sofreram com a repressão das formas de expressar amor, afeto e carinho, o que pode ter gerado emaranhados sistêmicos que impactam severamente nos descendentes.

Relacionamentos antigos e a importância de dar lugar ao novo

É essencial olhar com carinho para a relação que terminou, lembrar o que houve de bom, pois quando nos frustramos com o término, temos a tendência em focar a atenção somente no lado ruim, naquilo que nos machuca e magoa. Entretanto, se conseguirmos olhar com isenção e reverenciar os momentos bons, é possível diminuir o sentimento negativo, eliminar o passado e, finalmente, dar lugar ao novo.

Se você só carrega o lado danoso, aquilo que é pesado ocupa muito lugar no coração e lhe impede de enxergar um novo relacionamento, de estar receptivo a isso. Em contrapartida, se você se deixar sensibilizar, pode perceber que, mesmo que tenha terminado de forma dolorosa e decepcionante, houve algo positivo. No fundo, quem tem raiva está frustrado, sente falta daquilo que foi bom, tem medo de repetir a decepção. Então, eu digo com tranquilidade: permita-se sentir a alegria dos momentos felizes, abandone a dureza e a rigidez que fecham as portas para um novo amor acontecer, não tenha medo de valorizar o que foi agradável e, por conseguinte, prepare-se para receber algo bom novamente.

Discordo de que precisamos "curar nossas feridas" antes de ter um novo amor, pois pode ser justamente esse o melhor remédio, bastando que o indivíduo desocupe seu coração dos sentimentos ruins, das mágoas, das frustrações, da ira causada pelo relacionamento que acabou.

O amor sempre é um bom remédio, mas exige um lugar para ele, um lugar generoso, haja vista que ele não cabe onde você já tem instalada a raiva, o rancor, a mágoa, pois são sentimentos conflitantes.

Um novo relacionamento não depende exclusivamente de se encontrar alguém na mesma vibração, visto que você precisa abrir seu coração, estar receptivo a esse novo amor. Às vezes, isso é tão inconsciente que, mesmo querendo, no fundo você continua cultivando tudo de negativo que gerou o fim da relação anterior.

Afinal, quando um relacionamento termina, não quer dizer que acaba a capacidade da pessoa de ter, dar e receber amor. Porém, tal capacidade deve ser renovada à medida que ela olha para o passado e enxerga que a relação também trouxe coisas boas, o que dá lugar à esperança de vivenciar a alegria e a felicidade novamente, trazendo leveza ao coração.

Olhe para si com respeito, com valor. Reconheça que sua história não termina com o fim de uma relação. Sua vida vai além. O sofrimento ainda pode ser minimizado se você buscar apoio e conforto na sua origem familiar; você faz parte, tem um lugar permanente e pode encontrar força nos consanguíneos para poder seguir adiante.

Alienação parental

Apesar do senso comum de que a alienação parental se concretiza apenas quando o casal se separa, na verdade, isso acontece mesmo durante uma relação, pois consiste em transferir a mágoa para os filhos pelo ato de criticar o outro – pai ou mãe.

Esse "falar mal" não traz benefícios para ninguém, pois além de desvalorizar a própria história de amor, ainda que de forma inconsciente, a intenção de ferir os outros através dos filhos é danoso para a criança tanto quanto é danoso para quem se pretende ferir e para si mesmo.

Ao criticar o parceiro – ex ou atual – a pessoa endurece o coração, alimenta o que há de ruim e, fatalmente, transfere para os filhos essa negatividade, enfraquecendo as relações familiares. Aliás, lá adiante, quando essas crianças se tornarem adultos, há uma grande probabilidade de repetir esse padrão de comportamento.

Ademais, é fato que pode haver interferência na vida do casal quando nasce um filho, se um dos pais se dedicar ao bebê e esquecer do companheiro ou mesmo se a criança for "cercada", impedindo que o outro participe.

É fundamental equilibrar o convívio, de modo que cada um possa ocupar seu lugar no sistema. Um não pode excluir o outro emocionalmente, por, no fundo, achar que só ele sabe cuidar ou por acreditar que a contraparte é ausente.

É natural acontecer situações de desajuste, porém, o correto é conversar e buscar uma solução entre o casal, ao invés de acentuar a crítica. Optar por dizer que "sente falta" em detrimento de "cobrar a presença", por exemplo. São passos essenciais para o equilíbrio e, por fim, para a felicidade.

Realização profissional

Tendo já pacificado que a relação entre pais e filhos pode refletir em inúmeros aspectos da nossa vida, a questão profissional é um desses exemplos, visto que a satisfação – no coração, não na mente –, refere-se ao reconhecimento de que tudo o que recebemos dos pais é suficiente, de modo que possamos conduzir nossa vida como bem desejarmos.

Nessa toada, quando estou satisfeito, tenho mais chances de me realizar, sinto-me preenchido por inteiro, não me falta nada. Essa é uma consequência positiva de aceitar os pais como eles são, de aceitar aquilo que eles tinham pra dar, o que gera uma grande probabilidade do filho ser bem-sucedido no trabalho e nos demais projetos que desenvolver.

Quando o indivíduo se sente credor, ou seja, quando acha que os pais deram menos do que merecia, ele se sente vazio, incompleto e tem dificuldade de se realizar profissionalmente, porque falta algo dentro de si mesmo, ausência essa que é provocada pela sensação de que o pai e a mãe são devedores. Em outras palavras, quando alguém julga que os progenitores lhe entregaram pouco, que deveria ter recebido mais, essa pessoa não está completa e pode manifestar a insatisfação com projeções inconscientes em seus chefes ou colegas, expressando assim o desejo de receber tudo aquilo que queria ganhar dos pais.

Portanto, por mais que o trabalho seja positivo, por mais oportunidades que tenha, seja em forma de salário, seja em reconhecimento, o sujeito nunca se sente satisfeito plenamente, porque aquilo que está buscando realizar com o trabalho é, na verdade, um reflexo da falta que sente em relação aos genitores. No campo do poderoso inconsciente é que se busca preencher o vazio que sente, é lá que se projeta a carência e isso faz da pessoa uma eterna insatisfeita, que jamais se sentirá integralmente realizada porque se acha credor do pai e/ou da mãe.

O ponto principal da estabilidade e do desenvolvimento pessoal aflora quando nos sentimos inteiros e podemos nos lançar para a vida de forma autônoma e independente. Porém, como posso ter sucesso se eu ainda não recebi tudo o que eu esperava receber? É preciso se conscientizar de algo basilar: seus pais lhe deram o que há de mais importante – a vida. E, se você não valoriza sua própria vida, como pode buscar realização profissional? Todo sucesso nasce dentro de cada um de nós, quando olhamos no espelho e nos sentimos inteiros, capazes e merecedores.

Volto a frisar: recebemos dos nossos pais o necessário para caminhar, recebemos a vida. A partir desse reconhecimento, cada um pode tomar sua própria existência em mãos para seguir com segurança, determinação e autonomia. Isso não significa que é necessário amar quem não lhe deu amor, quem não o acolheu, pois, aceitar não se refere a "amar" os pais, mas, sim, reconhecer o lugar do pai e da mãe, ter um sentimento sistêmico para prosseguir em busca do seu sucesso, da sua realização, dos seus projetos, sem achar que estão devendo algo para você.

Vale ressaltar, novamente, que os nossos pais são o resultado do que receberam dos pais deles, portanto, ao reverenciar sua origem, você também estará reverenciando a si próprio, a sua vida e, nesse tocante, vai perceber que não depende de absolutamente ninguém para encontrar o seu caminho, para evoluir, inclusive no trabalho.

Relação com o dinheiro

Aqui faço uma nota paralela, visto que muitos confundem a dificuldade relativa ao dinheiro com a dificuldade profissional em si. No final das contas, costuma-se identificar coisas ruins em relação à moeda e, se, por um lado valorizamos o que podemos comprar com esse numerário, seja um automóvel, seja os estudos, seja uma viagem, em geral, não respeitamos o valor do dinheiro em si.

É importante compreender que o dinheiro não é apenas algo material, logo, é necessário reconhecer o valor que ele tem, olhar para essa essência de forma amorosa e não como um "mal necessário", como algo que "não traz felicidade".

No mais, há pessoas que têm dinheiro e não conseguem lidar bem com isso, que não sabem administrá-lo, ao passo que outros ainda não se encontraram profissionalmente ou se boicotam. Por isso, é preciso buscar o foco real do problema enfrentado e trabalhá-lo na linhagem sistêmica para que se possa progredir, lembrando que a prosperidade não é apenas uma questão financeira, mas, sim, um sentimento de crescimento pessoal na vida.

Além disso, quando a pessoa tem dificuldade em prosperar, há uma grande possibilidade de estar reproduzindo uma experiência vivida por um antepassado, uma lealdade inconsciente a alguém que, por algum motivo, deixou de ganhar ou perdeu dinheiro.

Obesidade

Esse é um fator que normalmente gera dificuldades de relacionamento e aceitação nos meios sociais e familiares. Além de ser um transtorno físico, a obesidade é um transtorno emocional muito grave. Há exceções! Porém, de modo geral, as pessoas obesas trazem consigo traumas que são extremamente dolorosos.

Uma das questões mais marcantes que a constelação aborda são os casos da obesidade feminina, que, embora não seja regra geral, têm uma boa possibilidade de ter como origem o abuso infantil. Essa constatação vem da minha experiência de atendimento com as constelações, devido a uma incidência muito grande de casos correlatos.

É claro que não se elimina a possibilidade da reprodução de um padrão ancestral, por amor, solidariedade, lealdade em relação a históricos de quando muitos familiares são obesos: filha, mãe e avó. Fica nítida essa identificação da sucessão na linhagem familiar. Entretanto, já atendi vários casos de pessoas com obesidade devido a situações traumáticas ocorridas na infância, tornando-se um mecanismo de defesa.

Vale ressaltar que há outras fontes geradoras muito comuns em relação a traumas emocionais, como aqueles vinculados à cobrança excessiva, em geral partindo dos pais. A sensação de incapacidade e impotência pode ocasionar uma tendência de se esconder atrás da obesidade, assim como pode se manifestar em outras esferas.

Além disso, as pessoas obesas costumam se lançar em tratamentos de emagrecimento, seja com acompanhamento médico, seja mesmo com regimes como o da "lua", "cortar carboidrato", etc. Elas até conseguem ter uma redução do peso, mas tudo volta no efeito sanfona, porque a origem da obesidade é psicológica, emocional, na maioria das vezes. Logo, se a fonte não for detectada, pode-se perder peso e até mesmo fazer cirurgia para a redução do estômago, a bariátrica, mas volta a ser obeso enquanto não curar a origem emocional.

Em paralelo, a criança quando se sente rejeitada, traz consigo o sentimento de desvalorização. Uma das possibilidades de projetar isso é na compulsividade de comida. Primeiro porque a comida, de modo inconsciente, traz um sentimento de satisfação. É comum você ouvir falar que, quando a pessoa está triste, chateada, e come um chocolate, ela se sente alegre. Porque, de fato, a comida traz essa satisfação, essa alegria, que para algumas pessoas, substitui os sentimentos de prazer e de realização que ela não consegue alcançar pelo reconhecimento dos outros.

Então, se a criança não é aceita ou não se sente aceita na família, em especial pelos pais, ela tende a buscar no consumo compulsivo de alimentos a compensação emocional da ausência de acolhimento, carinho e reconhecimento que ela sente nesse "abandono". É como se pensasse que, como ninguém olha para ela, a valoriza e reconhece, então, ela dá para si mesma uma recompensa, um presente e, com isso, acaba desenvolvendo um hábito de compulsão alimentar. Em outras palavras, preencher o vazio é um reflexo da rejeição, é uma carência que precisa ser trabalhada para que ela possa prosperar e ser feliz.

Adoção

A princípio, é relevante esclarecer que nem todos os adotados se sentem excluídos ou magoados com os pais biológicos pelo "abandono". Há aqueles que se sentem agradecidos pela vida que receberam, pois isso deveria ser o suficiente. Se a criança for grata, não vai sentir falta do afeto consanguíneo e, concomitantemente, pode sentir gratidão perante os pais adotivos pelo acolhimento, sentindo-se assim inteira, realizada. Porém, em sua maioria, as pessoas adotadas sentem-se carentes e julgam os genitores sem saber o motivo que ensejou na adoção em si.

Considera-se que a criança adotada é recepcionada, incluída no sistema familiar pelo vínculo de amor. Apesar disso, a família adotante jamais será a de origem. Não é possível excluir o papel dos progenitores, porque advém deles a origem, a herança genética e emocional.

Aqui faço um breve parêntese para contar sobre uma constelação incrível, que era bonita e ao mesmo tempo repleta de mágoa, de ressentimento. Não era sobre uma criança adotada, mas, sim, sobre uma pessoa que não teve a chance de receber amor do pai biológico, aliás, não recebeu amor de nenhum pai. E é impressionante como essa criança, mesmo que ela carregue mágoa, decepção e que verbalize esse sentimento como negativo, como raiva do pai, por exemplo, é incrível como, no fundo, o que essa criança precisava era de somente "ter um pai".

88 | Constelação Familiar

É muito comovente na constelação quando você consegue retirar o que é danoso e ver que, com isso, o constelado consegue expressar seu sentimento real. Isso porque, em um primeiro momento, a criança que se sentiu abandonada sente raiva, desprezo pela figura paterna ou materna que a abandonou. Quando você consegue ir harmonizando e retira dessa relação o peso negativo, é possível abrir caminho para que a carência e a raiva surjam transformada, que venham como uma busca; e aí a pessoa fica aberta para receber o que buscou a vida inteira – o reconhecimento.

Usualmente, a pessoa que sente falta de um pai ou de uma mãe, por questões de abandono, apresenta-se de forma resistente e até agressiva. Quase que invariavelmente, quando a gente confronta essa situação no campo da constelação, as figuras paterna e materna buscam promover a compensação. Aqueles que, por razões diferentes, não entregaram ao filho o reconhecimento, a valorização, ao perceberem que negaram cuidado e carinho, reconhecem e se dispõem a entregar aquilo que não haviam dado até então.

Todavia, neste ponto, o filho se recusa a receber, porque está ferido. A dificuldade se inverte e, então, é extremamente importante e sensível o trabalho de quebrar essa resistência inconsciente da criança carente e magoada, de modo que ela possa receber o que quis a vida inteira e não obteve. É preciso quebrar essa relutância para que possa fluir o desejo real de conquistar o que lhe faltava. Muitas vezes, o ressentimento por não ter recebido na época adequada a impede de receber depois, dificultando a harmonização. Voltamos na questão do julgamento!

O arrependimento dos pais acontece com certa facilidade. Em geral, quem não deu carinho, reconhecimento e amor para os filhos, é porque também têm um histórico de não ter recebido. E essas histórias acabam facilitando a harmonização quando aparecem no campo, porque se a pessoa tem uma dificuldade de relacionamento entre pai e filho devido a esse pai não a ter valorizado, não ter olhado para ela ou mesmo por ele ter sido agressivo, quando a gente inclui isso no campo, o personagem do avô, descortina-se um novo panorama.

O filho percebe que o pai dele sofreu o mesmo, isto é, que faltou a mesma coisa que ele se ressente de ter faltado para si. Quando olhamos de forma sistêmica, a harmonização acontece em vias de fato à medida que a pessoa que está sendo constelada percebe que não recebeu do pai porque ele não recebeu do avô. Logo, o pai não pode lhe dar aquilo que ele não tem.

É crucial olhar a pessoa com a história que ela carrega. Por isso o "julgar" é tão ruim. Porque julgamos o caso isolado, sem o contexto da história familiar de cada personagem. Quando olhamos para os nossos pais, é importante que olhemos para o passado de cada um deles. Isso ajuda o coração a aceitar as dificuldades, a compreender os porquês. Pode ser que o pai tenha sofrido muito mais. E, ainda que não tenha entregue para os filhos aquilo que eles esperavam receber, por certo buscou entregar muito mais do que ele próprio recebeu, uma vez que conseguiu, ao longo da vida, melhorar e crescer emocionalmente.

Abuso sexual infantil

A criança, quando vítima de abuso sexual, sofre muito e muitas vezes. Ela tem o trauma de ter sido violentada e, ao mesmo tempo, carrega um sentimento de culpa, somado ao medo de denunciar a violência, porque é comumente praticada por gente conhecida, gente próxima. Esse temor a impede de falar com os pais e, mesmo quando ela toma coragem para contar, há muitos adultos que não acreditam no relato.

Nesse sentido, a criança tende a bloquear, esconder-se ou camuflar sua sexualidade para não se tornar atraente, para não correr o risco de ser agredida de novo. Além disso, dentre inúmeros aspectos delicados, há ainda o fato de que, dependendo da idade, a criança já é sensível ao prazer, o que ainda traz o transtorno de se culpar por ter "gostado".

Enfim, o abuso infantil é extremamente cruel e a extensão do dano psicológico e emocional é imprevisível, podendo ter consequências em vários aspectos da vida: introspecção, agressividade, culpabilidade, depressão e, da mesma maneira, uma das formas de materializar a sua repulsa, de se esconder de tudo, de se punir, de se autodesvalorizar, de desenvolver obesidade, pois representa um escudo, uma falsa proteção para a criança.

A constelação tem caminhos próprios para identificar o ponto traumático inicial – a relação abusiva –, e, a partir daí, fazer a harmonização, na qual a vítima devolve para o abusador o peso gerado pela atitude cruel. Não se pode anular o acontecimento, alterar o fato ocorrido, contudo, trabalhamos um jeito diferente de olhar para esse fato e então o adulto, que foi abusado quando criança, com a constelação não vai esquecer que foi violentado, porém, vai amenizar esse peso emocional que carrega.

Essa nova visão trata-se de uma nova leitura do ocorrido, que nós chamamos de "devolver para o agressor, para o responsável, o peso do ato hediondo praticado". Devolver para ele a consequência emocional do que foi causado. É como tirar do ombro do constelado todo o peso energético e despejar esse caminhão no abusador, aquele que foi o responsável. Isso traz uma sensação de alívio muito grande.

Exclusão

Como já abordamos anteriormente, inclusive nos princípios do pertencimento e da hierarquia, é fato que todos os indivíduos têm o direito de "pertencer" e, portanto, havendo algum tipo de exclusão – voluntária ou não –, o sistema não funciona direito. Se alguém deixa de ocupar o lugar que é seu no sistema ou mesmo se outro tenta apropriar-se daquela posição indevidamente, isso cria dificuldades emocionais para a engrenagem como um todo, em maior ou menor escala.

Se por um lado consideramos que a morte natural denota que o indivíduo cumpriu seu papel, no caso da morte não natural, como quando relacionamos a abortos, assassinatos e suicídios, essa exclusão traz consequências negativas para o sistema à medida que impacta nos demais e pode ocasionar uma repetição de padrão comportamental.

Essa identificação com um antepassado excluído traz inúmeras consequências: quando alguém se exclui, não ocupa lugar nenhum, logo, não sabe quem é, nem para onde quer ir. Aliás, sua busca raramente será pelo lugar para onde quer ir, pois o mais preocupante é encontrar o lugar que é seu. Por isso, costumamos dizer que aquela pessoa que não caminha na vida, que não encontra um rumo, na verdade, internamente, ela continua buscando identificar o lugar que é seu por direito, pois só daí pode achar seu norte.

Aborto

Antes de mais nada, é importante deixar claro que não deve haver julgamento ou atribuição de culpa em caso de aborto, pois estamos nos referindo ao fato de que uma pessoa deveria ocupar um lugar na organização e, seja por qual motivo for, não ocupou.

Em outras palavras, a constelação trabalha com a representação emocional de uma estrutura ordenada e, portanto, a eventualidade de um aborto significa uma anomalia no sistema familiar que causa impactos no campo energético, no qual todos os integrantes estão conectados eternamente, de geração a geração.

Após esse acontecimento, alguém pode se identificar com o sentimento de outra pessoa da família. Por exemplo, fiz uma constelação em que uma mulher estava vinculada a um aborto espontâneo que a mãe teve antes dessa constelada nascer.

O sentimento, ainda que inconsciente, é que ela estava tomando o lugar do irmão que não conseguiu nascer. A jovem se sentia culpada de ter nascido e, consequentemente, essa culpabilidade interferia nas áreas profissional, familiar e conjugal, porque a constelada acabava assumindo "culpas" que não eram dela e, com isso, carregava um peso imenso nas costas, gerando uma infelicidade permanente.

Quando harmonizamos essa questão dentro da linguagem sistêmica, ou seja, colocamos o sistema em ordem, dando o lugar que cada um tem, essa mulher pôde perceber, enfim, que a história daquele bebê não era a dela e que, naturalmente, tinha o direito de seguir seu caminho.

Assassinato

O assassinato é uma das formas mais agressivas de exclusão no sistema familiar. É muito comum que esse fato acabe repercutindo em algum dos descendentes por meio de uma exclusão inconsciente e involuntária, reflexo esse que independe se o antepassado foi a vítima ou o assassino em si.

Em qualquer das hipóteses, estamos falando da exclusão de um personagem ocorrida de forma violenta, agressiva. A pessoa que hoje reflete esse assassinato, acontecido no passado, pode apresentar quadros depressivos e demonstra não se sentir incluída na família.

Diferente dos demais tipos de exclusão, seja por aborto, seja por suicídio, seja por abandono, cujo comportamento de modo geral revela um sentimento de profunda tristeza, no caso da identificação com um assassinato, além da infelicidade, existem ainda os aspectos da agressividade e da intolerância com situações adversas.

Suicídio

O ato do suicídio representa uma exclusão voluntária do sistema familiar, relacionada a inúmeros aspectos, dentre eles os sentimentos de: "não fazer parte"; não olhar para a "vida" com o devido valor; não se contentar com a existência que recebeu; sentir-se credor dos pais, etc., os quais geram um grande vazio emocional.

Essa lacuna, normalmente, faz com que a pessoa procure formas de preencher o vácuo, buscando, em cada segmento da vida, aquilo que lhe falta. Por mais que a pessoa conquiste, realize ou ganhe, não vai se sentir satisfeita, pois a carência está no passado, naquilo que ela se julga credora dos pais. Só existe um jeito de remediar essa insatisfação, que é olhar para trás com amor, com gratidão.

Todavia, um familiar de alguém que se suicidou, lá na frente pode se identificar com essa exclusão. Isso não quer dizer que a pessoa fará o mesmo, porque a vinculação não se relaciona com a atitude em vias de fato, mas, sim, com o sentimento gerado, ou seja, a herança se dá no campo emocional e não material.

Capítulo 5

Constelando os problemas que nos afligem

Relato a seguir alguns exemplos selecionados dentre as mais de 3.000 constelações que já realizei. Opto por utilizar nomes fictícios para, ao mesmo tempo, resguardar a identidade dos pacientes e facilitar a identificação por parte dos leitores.

Constelação sobre agressividade

Descrição

Um homem de 39 anos, Rômulo, relatou o quanto seu humor oscila; em minutos, ele se transforma e fica muito agressivo, seja no trabalho, seja com amigos, seja com seus familiares. Rômulo já buscou ajuda espiritual e também já foi orientado a tomar remédios controlados. Não bebe, nem fuma e não entende o motivo de ficar transtornado. Está ciente do dano que causa nas relações pessoais e profissionais, mas não consegue evitar. Quando percebe, está em pleno acesso de raiva e, fatalmente, as atitudes o prejudicam no casamento e no trabalho.

Constelação de aspecto

A princípio, pedi para o constelado escolher dois representantes entre os presentes, sendo que um deles simbolizaria ele próprio e o outro corresponderia à agressividade em si, que era o foco da constelação.

De imediato o personagem de Rômulo ficou paralisado, com muito medo, não conseguindo ver o outro. Já o representante do aspecto – a agressividade – avançou diante daquele que retratava o constelado, demonstrando muita hostilidade e impaciência.

Resumindo os fatos, essa constelação se estendeu por quase uma hora. O aspecto não se identificava com os personagens dos pais e dos avós de Rômulo, tal como seus representantes não tinham conexão ou foco.

Como de costume, agendei novamente a constelação. Após 15 dias, conversamos e abrimos o campo mórfico novamente, com os personagens do constelado e do aspecto. Dessa vez, a esposa do constelado acompanhou a entrevista prévia e me passou novas e importantes informações; ela revelou que o marido não teve coragem de contar que, aos oito anos, dois garotos mais velhos estupraram-no violentamente e que, na época, ele ficou amedrontado e envergonhado, logo, não contou para ninguém.

Abrindo o campo pela segunda vez, a reação inicial permaneceu a mesma da tentativa anterior: o personagem de Rômulo ficou paralisado, com muito medo, não conseguindo ver o outro. Já o representante do aspecto – a agressividade – avançou diante daquele que retratava o constelado, demonstrando muita hostilidade e impaciência.

Com o conhecimento do fato traumático, coloquei no campo três personagens para representar o pai, Ricardo; a mãe, Sandra e a violência sexual sofrida quando criança. O aspecto de agressividade se postou ao lado da representação da violência, ficando ambos mais fortes e, assim, pressionando o personagem de Rômulo, que não tinha coragem de encará-los.

Diagnóstico e harmonização

O diferencial dessa constelação é que ela, na verdade, mistura os sentimentos de medo, raiva e ira, não estando associada a uma herança do lado paterno ou materno, como na maioria das demais constelações. Na realidade, esses sentimentos de medo, ira e raiva estavam vinculados a um fato ocorrido com o próprio constelado na infância, que foi um abuso violento que ele sofreu.

Nesse caso, a constelação aconteceu de forma semelhante do ponto de vista plástico dos fundamentos, mas atuou de modo diferente porque ampliamos o campo mórfico. Nós tivemos as figuras de dois personagens, os abusadores, dentro desse campo mórfico, não como membros desse sistema familiar, mas, sim, como os agressores do referido sistema. O que aconteceu com aquele garoto repercutia, obviamente, na vida adulta dele.

Para resolver esse assunto do ponto de vista da constelação, foi preciso justamente expandir o campo mórfico, uma vez que os dois abusadores não faziam parte da família dele. Podemos, sim, fazer uma constelação e incluir personagens que não fazem parte do sistema familiar em outros aspectos, como, por exemplo, em relacionamentos, com um ex-noivo que se sentiu abandonado ou mesmo alguém que foi assassinado e, portanto, há a figura de quem o assassinou.

E como alcançar a harmonização? Na teoria da constelação, sempre que temos uma questão de vítima e algoz é comum que essa vítima, sentindo-se acuada, amedrontada, vire-se de costas ou se deite no chão. O ato de se deitar não representa a morte nesse caso, mas, sim, a sucumbência, a violência sofrida. E qual é a forma de harmonizar um vilão e sua vítima? É conseguindo que esse algoz se deite ao lado da pessoa vitimizada. Na simbologia da constelação, quando o algoz se deita ao lado da vítima, ele se coloca na mesma condição, na mesma posição da vítima, igualando-se a ela quanto à sua situação. É como se ele se colocasse no lugar da vítima também, e isso, normalmente, pode trazer a quem sofreu a agressão uma sensação de justiça, de compensação, algo como: "agora somos iguais na dor".

Entretanto, existe outra forma também, que é a tentativa de harmonizar os personagens. O representante do constelado se recusava a se deitar, pois ele não sentia que havia sucumbido. Portanto, com essa recusa, não poderíamos fazer a harmonização pela igualdade do movimento. Tínhamos que partir, então, para uma harmonização clássica dentro do sistema, dentro do campo mórfico.

Para conseguir isso, nessa constelação específica, foi muito trabalhoso, porque tivemos ali um constelado extremamente revoltado, inconformado com a situação, e dois algozes que, na verdade, faziam pouco caso ou não davam o valor para aquele fato. Foi um trabalho extenuante na tentativa de harmonizar um e outro. Era muito difícil, até que me ocorreu a possibilidade de colocar no campo algum personagem que representasse um poder sobre os dois abusadores.

Foi então que coloquei no campo os representantes dos pais de ambos os algozes, e essa estratégia funcionou muito bem, porque os dois abusadores, que tinham uma atitude arrogante e de força total sobre o constelado, acabaram se intimidando, sentiram-se mais frágeis, porque tinham sobre eles um olhar paterno de cobrança. Com o enfraquecimento dos violadores, conseguimos sim alguma proximidade a uma situação de equilíbrio dentro do campo. Ainda assim, não foi suficiente para conseguir a harmonização nesse ponto.

O que também me chamou a atenção foi que a vítima, o constelado, continuava não conseguindo olhar para o representante do aspecto que caracterizava o abuso sofrido. E essa negativa de olhar para o abuso acabava por fortalecer os abusadores. De fato, eu só consegui enfraquecer os violadores e fortalecer o constelado quando tirei o foco da harmonização entre eles e direcionei o trabalho entre o representante do constelado e o representante da agressão sexual sofrida por ele na infância.

Quando ele finalmente conseguiu olhar para o representante do abuso, isso lhe trouxe dor, sofrimento e ao mesmo tempo libertação. Ao olhar de frente para o fato ocorrido, ao reconhecê-lo, ele se libertou daquela prisão, ele se fortaleceu e então conseguiu olhar de frente para os abusadores, que, por sua vez, enfraqueceram-se profundamente, porque na verdade, energeticamente, eles se alimentavam daquela fraqueza.

Quando a vítima conseguiu encarar de frente a sua dor, isso enfraqueceu e retirou dos abusadores a força e o desprezo pelo caso. Essa mudança de comportamento fez com que os algozes olhassem para o constelado com respeito. E aí puderam, num momento de harmonização, arrepender-se do que fizeram. Não podiam mudar o que tinha passado, mas entregavam o reconhecimento da responsabilidade que recaía sobre eles próprios, abusadores, assim como seu arrependimento.

Essa harmonização acabou gerando um grau de satisfação no constelado e o representante do abuso, da raiva, do aspecto negativo que o atormentava, igualmente se enfraqueceu e sentou-se no chão. Na linguagem da constelação, quando o personagem que representa a dificuldade do constelado termina no chão, significa que está fraco, extinto.

Foi uma constelação muito bonita, muito trabalhosa, porque fugiu dos padrões convencionais. Algum tempo depois recebi uma mensagem de agradecimento de Rômulo, dizendo que, logo após ter sido constelado, ele foi chamado para ocupar uma vaga em uma multinacional e, três meses após assumir a nova posição, foi promovido para assumir um cargo executivo no país-sede da empresa.

Constelação sobre insatisfação

Descrição

A cliente Marina contou que sentia uma grande dificuldade relacionada à abundância e à prosperidade financeira. Ela dizia que não conseguia viajar, passear, comprar roupas ou se divertir, nem mesmo se sentia realizada com o carro e a casa dela. Porém, no decorrer da anamnese, ficou nítido que o problema não era ligado à abundância, pois o que realmente a incomodava era a insatisfação.

Sua família passou por muitas dificuldades quando ela era pequena, o que fez com que ela começasse a trabalhar muito jovem, aos 13 anos, em um balcão de padaria. A despeito de toda dificuldade, mesmo assim ela foi se desenvolvendo. Cursou a faculdade e trabalhou com afinco para obter conquistas materiais, inclusive uma casa própria e um carro. Havia abundância na vida dela, mas, ainda assim, não se sentia satisfeita. Logo, Marina compreendeu que o foco da constelação era justamente a insatisfação.

Constelação de aspecto

Tendo esclarecido as dúvidas na anamnese, coloquei no campo os personagens que retratavam ela própria e sua insatisfação. Marina ficava olhando com expressão muito brava para a sua dificuldade. Já a insatisfação olhava para ela desconfiada, a distância.

Quando posicionei os pais dela em campo, Adriana e Carlos, ela também passou a olhá-los com raiva. O pai a ignorava e saía de perto, não olhava para a filha. A mãe sentia uma cobrança, sentindo-se credora. Nesse movimento todo, Carlos hesitava em reconhecer, em dar alguma coisa, porque ele também não tinha recebido. Adriana assumiu uma posição de cobrança, achando que Marina deveria lhe dar alguma coisa. A constelada, por sua vez, sentia que precisava ser olhada, ser reconhecida.

Voltando para a entrevista, descobri que, na verdade, o pai abandonou a família quando ela tinha alguns meses, o que fez com que a mãe entrasse em depressão. Essa situação perdurou por 20 anos e, no final das contas, a mãe faleceu ainda nova. Nesse cenário, Marina teve que se virar desde menina, logo, nunca sentiu que tinha um lugar que era dela.

Diagnóstico e harmonização

Para a harmonização, o pai, Carlos, reconheceu, valorizou e olhou para a própria filha. A mãe, Adriana, igualmente valorizou e olhou para ela. Ambos reiteraram que Marina tinha um lugar no coração deles e, assim, abraçaram-se e a constelada se sentiu forte e reconhecida.

Vale lembrar que, na teoria da constelação, quando alguém não se sente reconhecido e amado pelos pais, essa pessoa tem um grande vazio no peito. Então ela joga nesse vácuo tudo aquilo que conquista, mas nada é suficiente. Marina poderia conquistar o mundo e continuar sentindo que falta algo; não se trata de uma casa, um carro, uma viagem ou da abundância em si, pois somente o olhar dos pais pode propiciar a inteireza, a plenitude.

Constelação sobre merecimento

Descrição

Durante a anamnese, Catarina, reclamou que não se sentia merecedora das coisas boas que ela tinha na vida, demonstrando, assim, um bloqueio ligado ao reconhecimento.

Constelação de aspecto

A princípio, eu inseri no campo mórfico dois personagens, um representando a constelada e outro a sua dificuldade de merecimento. De pronto, aquele que simbolizava o emaranhado avançou em direção à Catarina e fez com que ela se sentisse acuada. Então, posicionei no campo seus genitores, Marisa e Fábio, de modo que a dificuldade se voltou para a mãe dela. O pai se postou na frente da esposa, buscando protegê-la.

A seguir incluí os avós, Fátima e Pedro, oportunidade em que o foco se direcionou para a avó materna. Naquela ocasião, a personagem de Fátima não olhava para a de Marisa, ou seja, não a reconhecia. Essa mulher morreu quando a filha tinha cinco anos, em um acidente, tragédia essa que gerou um trauma emocional e fazia com que não conseguissem prosperar. Com isso, a constelada não se sentia merecedora de conquistar, de ter tantas coisas boas.

Diagnóstico e harmonização

Em dado momento, a bisavó e a avó, Fátima e Marisa, estavam deitadas no chão, ambas confusas. A personagem que retratava Catarina, por sua vez, deitou-se ao lado das duas, pois sentia que precisava ficar junto delas. Em contrapartida, a mãe da constelada, Marisa, não reconhecia aquela que caracterizava a avó, Fátima.

Estando as três no chão, bisavó, avó e neta, as duas primeiras não conseguiam liberar a terceira da situação, ao passo que a dificuldade de merecimento estava firme, bem forte. Foi preciso trazer de volta ao campo o personagem do pai, Fábio, que ficou ao lado da mãe, Marisa, sempre dando força à esposa e, também, tentando acolher e transmitir essa energia positiva para a filha, Catarina, que conseguiu receber essa força, levantar-se e se libertar da repetição de um padrão de comportamento que a impedia de prosperar.

A constelada finalmente conseguiu se desvincular da herança negativa, ficando ao lado do pai e da mãe. Já a sua dificuldade de merecimento ocupou o lugar que estava no chão. Em outras palavras, houve a harmonização com bastante resistência, pois o trauma impedia o entendimento entre a bisavó e a avó. Naturalmente, a personagem da mãe, Marisa, também sentiu esse peso, entretanto, ela conseguiu receber a força do companheiro, Fábio, para superar a adversidade. Foi uma constelação muito bonita, com uma carga emocional fortíssima.

Constelação sobre origem japonesa

Descrição

Fiz a constelação de uma pessoa muito querida, aliás, uma constelação curiosa, emocionante e surpreendente. Esse meu amigo, Bruno, é filho de mãe oriental e pai mineiro. Ele sempre se envergonhou da herança japonesa, tanto que assinava só com o sobrenome brasileiro. Ele realmente negava e se envergonhava da sua origem nipônica. E isso começou a incomodá-lo, porque ele não conseguia entender o motivo.

Constelação de aspecto

Coloquei no campo dois representantes, um para o constelado e um para o seu sentimento de rejeição à sua herança japonesa. Depois, mais dois, um representante para o pai e um para a mãe, Eduardo e Akemi.

A expectativa que se tinha é que o sentimento de rejeição à origem oriental viesse por parte da família mineira do pai do constelado, que, por algum motivo, poderia não aceitar o casamento com uma japonesa, alguma espécie de preconceito. Entretanto, surpreendentemente, o personagem que caracterizava a dificuldade de Bruno se dirigiu e se vinculou ao representante da mãe. Ou seja, esse movimento me deu a indicação clara de que a vergonha que o constelado tinha da sua parcela hereditária nipônica vinha de Akemi, que era filha de japoneses. Isso me intrigou muito e não consegui, a princípio, ter um entendimento dessa situação.

Coloquei então mais dois representantes no campo, o avô e a avó maternos do constelado, Takashi e Hinata, para saber se existia nessa relação alguma coisa que permitisse identificar o motivo dessa rejeição. Não vi movimentação alguma e não tive percepção ou retorno desses personagens sobre qualquer indicação que justificasse a vergonha. Contudo, percebi um detalhe que chamou atenção: aquele que representava Takashi olhava para o chão, fixamente, sem demonstrar nenhum traço de alegria, de vida; não se movimentava no campo, permanecia inerte. Ainda assim, não era algo conclusivo para que pudéssemos ter o fechamento da constelação.

Então, fui mais além. Coloquei no campo os representantes do bisavô e da bisavó maternos, Akira e Sayuri. Nesse momento, Takashi manifestou-se e movimentou-se. Passou a olhar com sentimento de raiva para seu pai, afastando-se dele. Logo, identifiquei que ali havia surgido o sentimento de conflito em relação à possível rejeição da nacionalidade.

Diagnóstico e harmonização

Perguntei ao constelado se ele tinha alguma informação do histórico desses personagens, do bisavô e do avô dele. Bruno me informou que Akira era extremamente rico e poderoso no Japão, e que fugiu com a família para o Brasil na época da guerra. Porém, o filho dele, Takashi, que era jovem na época, não queria vir. Tinha um sentimento de lealdade, de dever. Ele veio extremamente contrariado e envergonhado, em obediência à determinação do pai dele. O avô do constelado se sentia um traidor da pátria, queria ter ficado para defender o seu povo.

Um detalhe importante: ele se recusou, terminantemente, a aprender a falar português, tamanho o vínculo que ele sentia em relação à sua terra natal. Casou-se com uma japonesa que sabia falar as duas línguas e ela fazia a tradução para o marido.

Essa constelação foi extremamente demorada, porque as marcas eram muito profundas e não havia como harmonizar a relação entre o bisavô e o avô do constelado, Akira e Takashi, porque tinha um ressentimento muito grande por parte do filho que não pôde defender seu país.

Para ilustrar a profundidade desse sentimento de vergonha, em um determinado momento, já no futuro, um funcionário da embaixada japonesa localizou esse avô do constelado, dizendo que ele era o único herdeiro de uma fortuna deixada pela família antes da guerra. Esse homem, já no Brasil, carregado de mágoa, de ressentimento por não ter defendido a pátria, recusou-se a receber a herança e doou tudo ao império do Japão, tamanha a vergonha que ele carregava dentro dele por se sentir um traidor.

Essa mesma vergonha refletia em seu neto, de forma diversa. Por isso, o constelado não assumia as suas raízes japonesas. Era a vergonha do avô que ele carregava consigo e o impedia de assumir a sua origem oriental.

Quando na constelação, por fim, conseguimos harmonizar essa situação, Takashi, percebendo o sofrimento que havia transferido ao descendente, o que piorava a relação com o país que ele tanto amava, finalmente conseguiu liberar Bruno desse sentimento, assumindo apenas para ele o ressentimento em relação a esse fato histórico, entregando, nas mãos do neto, a liberdade de seguir o seu próprio caminho, com orgulho e reconhecimento. Nesse momento, feito esse diálogo de harmonização, o constelado conseguiu olhar para todos os seus ascendentes maternos e reverenciá-los, aceitando em seu coração a sua ascendência nipônica.

A consequência dessa constelação é uma das poucas que eu consigo constatar, porque, na maioria das vezes, constelamos e depois não temos mais contato com as pessoas; nesse caso em particular, é alguém muito querido, amigo, que hoje é plenamente identificado com sua origem, um artista plástico que assina seu sobrenome oriental e também um grande preparador de comida japonesa.

Esse é o efeito liberador da constelação, que retirou os sentimentos extremamente pesados das costas do constelado, pois não eram dele, apesar de que ele se identificava com isso, por amor, por lealdade ao vínculo familiar. É assim que a constelação consegue achar a origem do trauma e libertar as pessoas daquilo que as vincula ao sofrimento.

Constelação sobre prosperidade

Descrição

Certa vez fui procurado por um homem, Bernardo, que reclamava de não prosperar. Na realidade, ele não tinha muito ânimo ou disposição para lutar pelo que queria e isso o incomodava muito.

Constelação de aspecto

Comecei a constelação abrindo o campo com dois personagens, um representando ele próprio e outro representando o seu problema. Pelo movimento inicial, percebi que não era exatamente a dificuldade de prosperar que se aproximava do constelado. Era Bernardo que não parava de olhar para a representação daquilo que o incomodava.

Isso me deu uma indicação clara de que, na verdade, era ele que estava identificado com essa dificuldade de prosperar. Era ele que, inconscientemente, boicotava o seu crescimento. Até então, eu não sabia de onde vinha esse sentimento, esse bloqueio em relação à prosperidade.

Inseri mais dois personagens para simbolizar os pais dele, Samuel e Débora, momento em que percebi um movimento extremamente nítido. Quando ambos foram colocados em campo, aquele que representava a dificuldade em prosperar passou a olhar fixamente para a mãe, denotando que o trauma vinha pelo lado materno.

Então perguntei ao constelado se tinha alguma informação sobre o histórico da mãe, que também tinha sido frustrada, porque, apesar de ter uma carreira como professora, ele não conseguiu ter sucesso e, nas palavras dele, tinha uma vida bastante "medíocre". Indaguei, em seguida, sobre os avós maternos, em busca de algo que pudesse elucidar essa questão do sucesso, e percebi que essa era uma tendência de frustração que vinha de cada geração por parte da mãe.

Para tentar identificar melhor essa situação, coloquei no campo representantes da avó e da bisavó materna, Luciana e Maria e constatei, através dos movimentos e do retorno que cada uma me deu, que essa frustração era algo permanente na família. Porém, todos tinham uma característica de movimento que chamou muita atenção: olhavam para o chão, com o semblante triste, repleto de insatisfação, de encolhimento.

Nesse sentido, eu percebi que alguma coisa marcava aquelas gerações e fui conversar novamente com o constelado. Ele me disse que não tinha muita certeza, mas que se lembrava de que alguém, lá atrás – talvez sua tataravó – tinha sido escrava. Isso foi decisivo para o desenlace da constelação.

Diagnóstico e harmonização

A seguir, coloquei no campo uma personagem que simbolizava a escravidão. Imediatamente a representante da bisavó Maria caiu no chão, enquanto a avó Luciana começou a chorar tristemente. A mãe, Débora, virou de costas para aquela nova personagem. Ficou muito nítido o quanto esse aspecto ainda influenciava profundamente todas essas gerações.

Tive a ideia de colocar outra personagem, uma que representava o continente africano, a origem do povo, da nação negra. Essa entrada no campo modificou por completo o movimento e o rumo da constelação. Aquela que caracterizava Maria se levantou e se aproximou, colocando-se aos pés dessa que representava a África. A partir daí, entabulamos um diálogo entre ambas, dando força, amor, devolvendo a dignidade para essa bisavó, permitindo que ela resgatasse a própria história e se sentisse fazendo parte de novo. Porque, no fundo, o que a escravidão faz é "despersonalizar" os indivíduos, é roubar-lhes a dignidade e a identidade.

Quando, no campo da constelação, foi resgatado esse orgulho, esse sentimento de honra, a personagem de Maria se sentiu forte para transmitir para sua descendente essa mesma força que recebeu. E isso foi acontecendo sucessivamente até chegar no constelado. A tataravó, a bisavó, a avó e a mãe dele acabaram recebendo essa força, esse resgate de dignidade, que, em última análise, representava o merecimento.

Essas mulheres, descendentes de uma escrava, não se sentiam merecedoras de sucesso, de felicidade, porque estavam vinculadas com o sofrimento daquela que foi escravizada. Era como se cada uma delas olhasse para trás e dissesse: "você não teve o direito de ser feliz, então, nós também não seremos felizes". É um ato de amor inconsciente, lealdade à história familiar, em que as pessoas se entregam à sorte sofrida por seu antepassado. É o reconhecimento mais profundo do vínculo familiar.

E o que acontecia com esse homem que veio procurar a constelação? Também herdou esse sentimento. Por isso, ele não conseguia prosperar, seguir em frente. Toda vez que estava próximo de conseguir um êxito, de ter um resultado positivo, ele mesmo se boicotava de modo inconsciente, porque, assim, ele dava sequência a uma saga de pessoas que se julgavam não merecedoras.

Para modificar essa situação, foi necessário que a personagem que representava a tataravó estabelecesse, junto ao constelado, um diálogo libertador. Quando Diana ficou frente ao seu descendente, ela disse: "eu sinto muito se o que aconteceu comigo prejudicou você; você não é responsável por isso; essa é a minha história; esse é o meu destino; você não tem nada a ver com isso; você não me deve nada; você tem o direito de ser feliz; eu abençoo você".

À medida que essas frases foram ditas ao representante de Bernardo, o comportamento, a reação instantânea indicava que ele, de fato, tinha recebido uma espécie de injeção de ânimo e confiança. Então, ele reverenciou a sua antepassada, aceitou o direito de ser feliz, de ter sucesso, de prosperar, e terminou o diálogo dizendo: "eu terei sucesso, por mim e por todas vocês".

Esse sentimento de orgulho, de vínculo, só foi transformado. Existia um vínculo em que a questão da dignidade de uma raça, de uma linhagem familiar, estava toda ela ferida, machucada, o que trazia para o constelado a sensação de que ele não merecia sucesso, uma vez que toda a sua história não foi merecedora disso, muito pelo contrário.

Porém, quando ele recebeu diretamente de sua tataravó a benção para que conseguisse seguir sua vida em paz, com sucesso, desvinculando-se desse histórico, o seu personagem se encheu de coragem e, ainda, voltou-se para a representante de Diana e compartilhou, com toda a sua linhagem, não mais o sentimento de frustração, mas, sim, o de conquista e realização, declarando que iria buscar a prosperidade em homenagem a todo aquele sofrimento.

Foi uma constelação maravilhosa, muito bonita, harmoniosa, que libertou um indivíduo de um sentimento negativo representado pela escravidão, algo que retirava dos descendentes da escrava a vontade de prosperar, o sentimento de merecimento. Aliás, esse ato libertou todas as gerações que ficaram para trás.

Constelação sobre realização profissional

Descrição

Um homem de 36 anos, Elias, relatou que tinha dificuldades na carreira, embora contasse com uma excelente formação acadêmica e com certa facilidade em recolocação profissional. Segundo ele, ao receber promoções e oportunidades, algo costumava acontecer para impedi-lo de assumir novas funções, por exemplo: a empresa fechava ou mudava de país, ele quebrava a perna, etc., o que ocasionava uma grande frustração.

Constelação de aspecto

Quando posicionados no campo mórfico, o personagem que representava Elias observava o personagem do aspecto – a realização profissional – e seguia seus movimentos. As indicações demonstraram que o constelado estava identificado com a dificuldade e o sofrimento de um antepassado.

Incluí os personagens do pai e da mãe dele, Rogério e Cátia. O primeiro observava os movimentos, tendo vontade de ajudar o constelado, mas não conseguia. De pronto, aquele que representava o aspecto se identificou com a personagem da mãe, que, por sua vez, sentia-se triste e agitada, com raiva da realização profissional.

Tendo observado que a dificuldade vinha da origem da mãe, inseri então os personagens do avô e da avó maternos, Matheus e Carolina. Essa última se uniu à da mãe do constelado e, assim, ficaram na posição de tirar satisfação perante a caracterização do aspecto. Por outro lado, o personagem do avô sentia-se fraco, envergonhado, triste, culpado, sem forças para ver nada. Então, aquele que simbolizava Elias sentou-se bem próximo ao que retratava Matheus, demonstrando assim a identificação dele com o avô materno.

Retomando a anamnese à parte, perguntei ao constelado se ele tinha alguma informação relativa a esse antepassado. Em resposta, ele disse que o avô tinha um comércio muito próspero quando a mãe, Cátia, ainda era pequena e, com isso, viviam em situação de conforto e harmonia à época. Então, esse homem abriu um segundo ponto de comércio, uma venda que corresponde ao minimercado de hoje, porém, houve muitas dificuldades que ocasionaram a falência dos dois estabelecimentos e, como consequência, a família passou por muitas privações.

Diagnóstico e harmonização

Inconscientemente, Elias se negava a evoluir na carreira, uma vez que Matheus não teve as mesmas oportunidades ou não conseguiu prosperar. Para harmonizar o emaranhado, o peso da culpa do avô foi retirado, devolvendo a ele a força e a alegria em progredir. Por conseguinte, o personagem do avô se harmonizou com as que caracterizavam a mãe e a avó, Cátia e Carolina, liberando, assim, o constelado para ser feliz e próspero. Enfim, o personagem de Elias aceitou o que seu avô lhe entregava, sentindo-se forte para seguir seu próprio caminho.

Constelação sobre relação entre pais e filhos

Descrição

Essa foi uma constelação muito emocionante, mas, acima de tudo, ela mostrou com muita clareza, como é mais comum do que a gente imagina a repetição da história que passa de geração a geração dentro de uma família. E quanta dor esse padrão pode trazer até que alguém tome uma atitude de romper esse vínculo. Não é possível mudar tudo que já passou, mas podemos evitar a perpetuação de um sentimento negativo.

A constelação aconteceu com base em um relacionamento traumático entre pai e filho. Eu fui procurado por um jovem de 30 anos, Márcio, que dizia ser insuportável a convivência com o pai, Wilson. Indaguei o porquê desse comportamento e ele me respondeu que era um homem duro, frio, agressivo, que judiava da mãe dele, que não respeitava os filhos, que não tinha nenhum tipo de amor, exigia o máximo de cada um e, o pior, quando eles conseguiam produzir um bom resultado, achando que com isso iriam agradar a imensa cobrança do pai, ele dizia: "não fizeram mais do que a obrigação".

Ao longo do tempo, essa situação foi calejando o sentimento de Márcio, que não suportava mais a convivência com Wilson. E isso, obviamente, o incomodava, porque havia o reconhecimento de que aquele homem era seu pai e que ele não deveria ter esse sentimento. Porém, no coração, o jovem não conseguia controlar a raiva que sentia.

Constelação de aspecto

Comecei a constelação e percebi que esse sentimento era, de fato, muito profundo. Quando coloquei no campo os personagens do filho e do pai, o representante de Márcio não só se distanciava daquele que simbolizava Wilson, como virava-lhe as costas, que, na linguagem da constelação, é uma indicação clara de negação. O filho não conseguia olhar o pai, negando a sua participação na história familiar.

Por outro lado, surpreendentemente, o representante de Wilson queria muito ter o olhar do filho, embora não tomasse nenhuma atitude dentro do campo da constelação na busca desse olhar. Indagado sobre como se sentia, ele dizia: "eu queria muito que ele olhasse para mim, mas eu não sei o que fazer para isso".

Esse ponto trouxe uma roupagem totalmente distinta, uma luz nova sobre tudo o que havia sido dito na anamnese. Então, perguntei ao constelado se ele conheceu o seu avô paterno, Benjamin. E ele respondeu: "conheci sim, ele era um homem tão ruim quanto o meu pai". Isso já me deu um caminho muito claro do que poderia estar acontecendo nessa família.

Nesse instante, coloquei no campo um representante desse avô e, curiosamente, o comportamento foi o mesmo visto antes. Aquele que caracterizava Wilson se afastou e também deu as costas a Benjamin, demonstrando claramente o mesmo sentimento perante o pai dele que o próprio filho Márcio tinha em relação a ele. Mas ali ainda não estava localizada a origem do problema, apenas constatada a repetição de um padrão de comportamento.

Fui mais além. Coloquei, um personagem que representava o bisavô, José Carlos. E aí a reação foi diferente. Esse bisavô olhava para o representante do avô do constelado com muito rigor, muita cobrança. Contudo, aquele que simbolizava Benjamin, ao contrário, não virou de costas, não se afastou, ele sentou-se no chão e não conseguia olhar para cima, para o pai dele, demonstrando claramente uma submissão contrariada, que não estava pautada por amor ou por sentimento positivo.

Diagnóstico e harmonização

Estávamos diante do quadro de um pai exigente e opressor e de um filho sem forças para lutar, alguém que não conseguiu reagir a essa opressão, a essa mágoa, a essa cobrança excessiva que o pai exercia sobre ele. Um sentimento que era extremamente forte. Observando o comportamento tanto do pai como do próprio constelado, quando o avô se sentou no chão, ambos, que estavam de costas, viraram-se para Benjamin, mas não olhando com amor, mas, sim, com desprezo. Márcio e Wilson, o constelado e seu pai, consideraram uma atitude de fraqueza, de submissão, que eles próprios não aceitavam. Ali, identifiquei a origem do problema em vias de fato.

Iniciei a harmonização dessa família começando pela relação entre o bisavô e o avô do constelado. Havia entre José Carlos e Benjamin uma cobrança muito grande da figura paterna, ao passo que havia um intenso sentimento de amor e respeito por parte do filho. Apesar da dureza, do sofrimento, o avô do constelado sentia-se menor que o seu pai e se submeteu a essa circunstância pelo reconhecimento e pelo carinho que nutria por aquele que lhe deu a vida.

Esse movimento no campo fez com que o representante do bisavô passasse a olhar para o seu próprio filho com mais amor. Quando coloquei frente a frente os representantes de José Carlos e Benjamin, perguntei ao primeiro: "o que você sente agora?". De imediato, duas lágrimas rolaram e ele respondeu: "arrependimento e culpa". Aquele homem sisudo, exigente, que, a despeito de sua atitude dura não recebeu desprezo e rejeição do seu filho, percebeu o que tinha feito, emocionou-se e se arrependeu. As frases utilizadas para a harmonização foram simples e objetivas. O representante do bisavô, olhando paro seu filho, dizia: "eu sinto muito não ter dado a você o amor que era seu de direito receber; eu não lhe dei porque eu não sabia como fazer; eu não fiz porque eu não aprendi".

Dito dessa forma, causou um impacto forte no avô do constelado, o suficiente para que ele compreendesse a dificuldade do pai, que, somado ao afeto que evidentemente ele sentia, fez com que aceitasse aquela situação; não sem dor, mas com respeito. Com isso, ele se deu por satisfeito e pôde reverenciar o genitor. Tendo reconhecido o vínculo, recebeu com amor o arrependimento de José Carlos e, a partir daí, olhou para o seu próprio filho, Wilson, o pai do constelado, sentindo a mesma culpa.

Nesse momento, quando coloquei o avô diante do pai do constelado, Benjamin já tinha em seus olhos lágrimas correndo, em sinal claro de arrependimento e de dor. E as frases de harmonização foram ainda mais doloridas: "sinto muito ter lhe magoado; lamento se transferi para você o que não era sua obrigação suportar; o que aconteceu entre meu pai e eu somente a nós pertence; você não é responsável por isso; eu não posso mudar o que passou, mas posso entregar a você agora o meu arrependimento e o meu reconhecimento; dou a você o pouco de amor que ainda resta em mim; espero que seja o suficiente, porque é tudo o que eu tenho para lhe entregar; eu teria feito diferente se soubesse".

Isso causou um efeito incrível no pai do constelado, que, recebendo a sua dose de amor e compreensão, bem como tendo assistido o vínculo entre Benjamin e José Carlos, aceitou de bom grado o que lhe estava sendo entregue naquele momento. Aceitou, com o coração aberto, o reconhecimento da limitação de seu pai. Ao mesmo tempo, sem que eu mesmo pedisse, dirigiu-se à figura do filho e, assim como recebeu do seu pai, ele finalmente entregou para o constelado.

Quando Wilson se dirigiu a Márcio, conseguiu dizer: "eu sinto muito se não dei a você o que esperava de mim; eu não tinha para lhe dar, porque também não recebi, mas posso lhe entregar agora tudo o que meu avô entregou ao meu pai e que meu pai entregou a mim; é tudo que agora eu tenho e é tudo que eu posso lhe dar; eu dou para você um lugar no meu coração".

Isso calou fundo no representante do constelado, que nem mesmo verbalizou uma resposta, mas, assistindo o que havia acontecido entre seu bisavô e seu avô, entre seu avô e seu pai, bem como recebendo o pouco que cada um conseguiu transferir aos seus filhos, sucessivamente, ele recebeu aquelas frases, reverenciou Wilson, foi em sua direção e o abraçou.

Estava terminada ali uma constelação e uma história de cobrança, de rejeição e de ódio. A harmonização não seria possível entre pai e filho se não viesse à tona a origem do conflito. É claro que nem todos que sofreram no passado transferem esse sofrimento aos filhos, mas alguns não conseguem escapar dessa repetição, não conseguem segurar para si a dor do sofrimento e compartilham isso com naturalidade, como se isso de fato fosse a única alternativa que a vida lhes apresenta. Não devemos julgar, afinal, atrás de uma história existe outra história, que é precedida de uma outra história. Assim funciona a constelação familiar.

Constelação sobre relacionamento afetivo

Descrição

Isabel, uma mulher de 52 anos, relatou que tinha dificuldade na vida afetiva. Teve alguns relacionamentos e nunca se casou, sendo que cinco dos sete namorados de tempo mais longo morreram durante o período de namoro. Enfim, ela não conseguia ser feliz e se sentia solitária.

Constelação de aspecto

A personagem de Isabel sentou-se no chão e ficou olhando para baixo, com medo, triste e sozinha. Já o aspecto – o relacionamento afetivo – sentia-se agitado e com raiva.

Colocados no campo os personagens que denotavam os pais, Daniel e Patrícia, aquela que representava a mãe se sentia como uma adolescente, ficava olhando para o chão, com descontentamento, sentindo um grande vazio. Por seu turno, o personagem do pai sentia alegria e ao mesmo tempo aflição, ao olhar para a que caracterizava a mãe, querendo ficar perto dela. Entretanto, a que simbolizava a figura materna, Patrícia, não queria ficar próxima àquele que refletia o pai, Daniel, demonstrando mágoa e tristeza.

Voltando para a entrevista, a constelada revelou que os pais se envolveram quando eram muito jovens e a família da mãe não aceitava a união dela com um homem negro, que seguia a carreira de artista; para eles, um sinônimo de vagabundagem. Contrariando os avós, seus pais namoraram por um tempo, casaram-se e tiveram três filhos, vivendo com muita dificuldade, até que um dia Daniel não retornou mais para casa, abandonando Patrícia, Isabel e seus irmãos, ainda crianças.

Então, coloquei no campo os avós maternos, Eliana e Thiago, sendo que ambos se posicionaram entre os personagens de Daniel e Patrícia. Por sua vez, a personagem da constelada Isabel ficou sem ação, com medo de tudo o que estava vendo. Contudo, queria olhar para a representação do pai.

Diagnóstico e harmonização

Os problemas de relação afetiva da constelada estavam diretamente ligados com a dificuldade de seus pais em manter um relacionamento saudável devido à influência e ao julgamento dos avós maternos, que, por amor, tentavam proteger a mãe, Patrícia, de um homem que eles não entendiam ser capaz de proteger e cuidar da sua família.

Iniciei a harmonização trazendo à consciência de Thiago e Eliana, os avós maternos, o dano emocional do julgamento e da interferência na vida afetiva de Patrícia. Ambos os personagens – avô e avó – declararam que faziam por amor e para protegê-la. Houve o entendimento e eles dois reconheceram o lugar do genro.

Já na harmonização entre o pai e a mãe da constelada, Patrícia e Daniel, confesso que foi um dos momentos mais emocionantes que já presenciei no campo mórfico. O personagem do pai sentia um imenso amor pela mãe, demonstrando que se afastou para resguardá-la, pois os sogros tinham uma condição financeira melhor do que a dele e, com isso, não se sentia capaz de dar o que ela tinha antes de casar. Realizei a harmonização entre eles, que se abraçaram e choraram muito, uma emoção que invadiu todo o ambiente.

Por fim, com os avós e os pais de Isabel estando em união, houve a harmonização com a personagem da constelada em si. Seus genitores demonstraram o quanto ela era importante e deram seu lugar nessa história de amor, retirando, assim, o peso do que não foi bom e ainda estava com ela. Dessa forma, deixaram-na livre para seguir seu próprio caminho, para encontrar a felicidade.

Constelação sobre o relacionamento com a mãe

Nota: *para finalizar o capítulo com os exemplos de constelações, o último deles será narrado nas palavras e na perspectiva da própria constelada, mas ainda mantendo os nomes fictícios.*

Descrição

Meu nome é Talita. Tenho 35 anos e até há pouco tempo meu relacionamento com a minha mãe era "complicado", isso para ser gentil. A princípio, eu achava que era porque nós duas tínhamos "personalidades fortes", porém, nunca foi apenas isso.

Eu sempre senti uma distância enorme, como se fosse um abismo entre nós, e uma dificuldade muito grande de aproximação, das duas partes, mas apenas em termos sentimentais, porque ela sempre me apoiou muito nos estudos, na carreira, etc.

Em todo caso, nós não conseguíamos dialogar, nem mesmo em conversas simples. Era praticamente impossível conversar e entender o ponto de vista da outra. Isso me incomodava demais, até fazer a constelação.

Constelação de aspecto

Inicialmente, Mauro abriu o campo colocando os representantes do meu pai e da minha mãe, Alberto e Luíza, assim como alguém para me representar. Logo no início, ficou claro que o meu pai não tinha ligação com aquele emaranhado, portanto, ele foi substituído pelos meus avós maternos, Vanderlei e Elisa.

Nesse momento, alguns dos meus prejulgamentos caíram por terra. Eu julgava pesadamente meu avô por achar que ele tinha abandonado minha avó e os filhos, mas o campo mostrou que eu estava enganada. Além disso, eu não estava olhando para ele como sua neta, mas, sim como "a esposa e a filha abandonadas", papéis esses que não eram meus de direito.

Esse emaranhado começou a se resolver quando minha bisavó, Áurea, entrou no campo. Ali, eu pude descobrir alguns pontos de uma história que eu não sabia (e que confirmei posteriormente com a minha mãe).

De fato, o emaranhado começava na relação da bisavó Áurea, com a avó, Elisa. Isso porque meus tios-avôs "deserdaram" sua própria irmã depois que meu bisavô faleceu. Contudo, a matriarca da família ficou calada, impassível perante as injustiças e não prestou o devido apoio à filha, nem mesmo quando ela perdeu três filhos.

Diagnóstico e harmonização

Com muito tato e sensibilidade, Mauro percebeu que era preciso começar harmonizando a relação das minhas bisavó e avó. Naturalmente, Elisa tinha se tornado uma mulher muito amarga: deserdada pela família, o esposo teve que deixá-la depois de quase morrer por ordem dos seus cunhados e, como se não bastasse, o casal ainda perdeu três filhos.

Como resultado, Elisa criou um abismo entre ela e minha mãe, Luíza. O mesmo que minha mãe fez comigo posteriormente, de maneira inconsciente. Então, após harmonizar a relação da minha bisavó com minha avó, foi a vez de conciliar Elisa e Luíza, a avó com a mãe.

Dali em diante foi muito mais fácil prosseguir com a harmonização, porque ficou claro todo o sofrimento que vinha sendo carregado por aquela linhagem feminina. Quando veio a compreensão, assim como o reconhecimento dos respectivos papéis e responsabilidades, finalmente foi possível chegar até a harmonização entre minha mãe e eu.

Durante a constelação eu já fui sentindo um baita alívio, como se todas as peças se encaixassem. E, também, entendi que eu precisava olhar para história daquelas mulheres, um legado de dor que eu definitivamente não deixarei para a minha filha, já que conseguimos harmonizar o campo com o inestimável apoio do Mauro, da Célia e das pessoas tão sensíveis que participaram da minha constelação.

Por fim, gratidão seria uma palavra singela demais para definir meu mais sincero agradecimento, pois essa harmonização melhorou significativamente a relação que tenho com a minha mãe, e a cada dia está melhorando ainda mais!

Capítulo 6

Como a constelação familiar mudou a minha maneira de enxergar a vida?

Depois que consegui absorver os conceitos da constelação familiar, minha vida mudou de forma radical, para melhor. Dentre todas as mudanças que pude perceber, a mais importante foi a maneira de me relacionar com as pessoas ao meu redor.

Essa mudança é sentida dia a dia, visto que, olhar para os outros e entender que eles são a "soma", a consequência de uma história antiga, diminui acentuadamente o ímpeto do julgamento.

Aprendi que julgar as pessoas traz uma consequência negativa; não para aquelas que estão sendo julgadas, mas, sim, para quem julga, o que está intrinsecamente ligado à necessidade que temos de querer "entender todas as coisas".

Porém, isso só é possível quando você consegue olhar de forma sistêmica; não só um fato ou uma atitude isolada, mas o contexto que pode existir por trás de cada fato ou atitude.

Quero destacar que essa nova forma de ver as coisas não se confunde com resignação, bondade ou qualquer outro adjetivo nesse sentido, nem tampouco serve de justificativa. Contudo, enxergar com amplitude pode lhe dar uma melhor medida para perceber esse panorama.

E, se isso não tem o poder de mudar de forma material as consequências dos fatos e das atitudes, traz um conforto muito grande, representado pela compreensão, o que anula o julgamento.

A seguir, aproveito para ressaltar duas premissas estabelecidas pelo criador da teoria da constelação familiar, Bert Hellinger, que fundamenta a tendência que temos de reproduzir padrões emocionais do passado, da nossa história familiar, na maior parte das vezes de forma inconsciente.

A primeira é que "devemos aceitar os nossos pais como eles são". Isso diz respeito a reverenciá-los pelo lugar que eles ocupam no sistema, que é justamente a origem da nossa vida.

A segunda é que "ninguém consegue ser plenamente feliz se não aceitar os pais como eles são", ou seja, aceitar a si próprio através dos genitores, reconhecer o valor da nossa própria vida.

Em outras palavras, quando aceitamos o que recebemos de nossos pais e reverenciamos isso, experimentamos uma sensação de inteireza, de completude e, assim, estamos prontos para receber tudo o mais que a vida tem para nos oferecer.

Para mim, o conceito de família passou a ter outro significado, mais amplo. Hoje, não se resume apenas às pessoas que conheço e que são próximas. Nessa perspectiva, vejo a família como um sinônimo da minha história. Boa ou ruim, não há como me separar dela.

Isso não significa que eu tenho que ser igual, que devo repetir o passado. Entretanto, serve como orientação e compreensão de muitas coisas que acontecem comigo.

A minha vida não vai acabar quando eu morrer, afinal. Agora tenho a certeza de que ela seguirá em meus filhos e, talvez, em meus netos, se um dia eu os tiver.

E essa sequência não se limita ao que eu transmiti a eles durante nossa convivência. Vai muito além, transferida pelo vínculo familiar que nos une.

Minha história é uma continuação da história dos meus pais e continuará através da história dos meus filhos.

Somos eternos!

Apêndice

Cursos para facilitadores em constelação familiar

Com ética e respeito à teoria original de Bert Hellinger, o curso é dedicado aos profissionais da área da saúde emocional ou àqueles que tenham interesse em desenvolver novas frentes de atuação.

Nas aulas práticas e teóricas, abordamos as leis que regem o sistema familiar e as relações, as possibilidades de melhoria de vida e o significado das ordens do amor, bem como trabalhamos as técnicas e aplicações do método terapêutico.

Constelação empresarial

Método inovador que identifica oportunidades e problemas em relação às empresas e aos projetos desenvolvidos, mediante diagnósticos e testes para constatar a origem dessas dificuldades e sugerir alternativas para solucioná-las, otimizando os resultados de forma sustentável.

Psicanálise

Com base na teoria do neurologista austríaco Sigmund Freud, a Psicanálise é um ramo clínico teórico que busca explicar o funcionamento da mente humana, ajudando a tratar distúrbios mentais e neuroses, com foco na relação entre os desejos inconscientes e os comportamentos e sentimentos vivenciados.

Regressão de memória

A regressão é uma das ferramentas aplicadas na Psicanálise, como um instrumento muito eficiente para buscar soluções para os problemas de ordem emocional que têm registro no passado. Seja na infância, na juventude ou até mesmo em experiências de vidas passadas, é possível identificar as origens dos traumas e, assim, ressignificá-los.

Mais informações para cursos

Endereço: Rua Dr. Isaías Salomão, 100 – Saúde
CEP: 04055-050 – São Paulo/SP

Fones: 11 97791-9318 (Célia Mariah)
11 95487-5171 (Mauro Bueno)

E-mail: institutomaurobueno@gmail.com
Site: institutomaurobueno.com.br

Facebook: institutomaurobueno
Instagram: @institutomaurobueno
YouTube: Instituto Mauro Bueno